绕着地球去发现

[英]克莱夫·吉福德 [英]苏西·布鲁克斯◎著   张灵羚◎译

上册

四川文艺出版社

目录

❸ 发现波兰

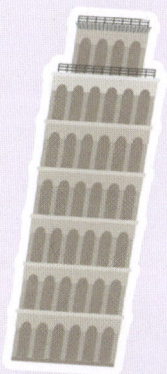

❹ 发现丹麦

5 发现意大利

6 发现澳大利亚

7 发现南非

发现法国

欢迎来到法国

欢迎来到法国!这是一个浪漫美好的国度,地处西欧的中心地带,国土面积相当于意大利和英国的面积总和,是世界上最受游客欢迎的国家之一。法国拥有悠久而迷人的历史,无论是哲学、艺术还是科技领域都成就斐然,还有着举世闻名的美食与美酒。想了解更多关于法国及法国人的故事吗?想知道拥有700个房间的宫殿在什么地方吗?吃飞机的法国人又是怎么一回事呢?一起继续看下去吧!

小档案

国土面积:55万平方千米

人口:6 563万(不含海外领地;截至2022年1月的统计数据)

首都:巴黎

国界:长达2 889千米,与8个国家接壤

货币:欧元

国家象征:高卢雄鸡

国旗:

法国国旗又被称为"三色旗"。在法国大革命期间,这三种颜色首次被用于玫瑰形徽章之上。

巴黎的凯旋门。

如果你想一览法国乡村的美景，那么勃艮第绝对是你的不二选择。那里有着绿意浓厚的山丘、质朴而温馨的中世纪村庄和阳光灿烂的芥菜田。

1954年，法国的教皇新堡产区颁布了一项法令，禁止任何外星飞碟在该区域降落。

皮拉特沙丘坐落在法国的大西洋海岸，是欧洲最大的沙丘，高约107米，宽约500米，长约2.7千米。

在法国，名字最短的村庄叫作"Y"，它位于法国北部的索姆河地区。

光明之城

巴黎是法国的首都，也是世界上最大的城市之一。它最初只是一个名叫鲁特西亚的小村庄，在6世纪成为法兰克王国的中心。今天，这座城市是一个集艺术、文化、金融、美食和商业中心为一体的繁华大都市，有上百家跨国公司的总部都位于巴黎。约有1/5的法国人口居住在巴黎及其周边地区，巴黎的影响力也辐射到了法国其他的各大区域。

你知道吗？

在第一次世界大战期间，为了避免真正的巴黎城被德国战机轰炸，人们在巴黎北部用木头建造了一座一模一样的假巴黎城。

塞纳河畔

巴黎的原住民被称为巴黎斯人，他们的部落定居在西岱岛——一个位于塞纳河中心的岛屿。塞纳河绵延776千米，在流经巴黎城时将其分为左右两岸。巴黎许多辉煌的建筑都位于塞纳河畔，包括世界四大博物馆之首——收藏着《蒙娜·丽莎》画像的卢浮宫，以及恢弘壮丽的巴黎圣母院。

巴黎圣母院于1345年竣工。在通往南侧塔楼顶部的区域，盘旋着387级台阶。

埃菲尔铁塔

1889年，举世闻名的埃菲尔铁塔诞生了。不过，它原先只是一座临时的纪念碑，一度差点被拆除，那样的话我们现在就看不到这样美轮美奂的建筑了。埃菲尔铁塔高达330米，傲立于巴黎城中，每年都会接待700多万的游客。这座巨大的铁塔完全是用钢铁制成的，塔身的固定用了250万根钉子，所以，为了除锈，每7年都要给铁塔"洗个澡"，涂上60多吨的油漆。

埃菲尔铁塔上安装了两万个灯泡，用于夜间照明。

在巴黎香榭丽舍大道上，琳琅满目的咖啡厅和餐馆随处可见。

巴黎大道

在19世纪中叶，时任塞纳省省长的豪斯曼男爵对巴黎市中心进行了大规模的改建。巴黎原本是一个布满蜿蜒小巷的中世纪小城，后来焕然一新，修建了宽阔而豪华的道路网，从城市中心向外延伸，与周边的林荫道相贯通，被称为"巴黎大道"。如今，当人们漫步在巴黎的这些大道上时，能看到街道两旁的奢侈品商店、服装店和街头咖啡馆。

法国政体

如今的法国被称为法兰西共和国，最高统治者即总统，是由法国具有选举权的成年人投票产生的。总统当选后，由他直接任命总理，总理负责组建内阁政府。不过，法国曾经是君主制国家，由国王与王后进行独裁统治，这段统治历史可以追溯到1000多年前的法兰克王国。当时，法兰克人曾入侵西罗马帝国，并建立了王国政权，这也正是法国得名的由来。

巴士底日是现代法国的国庆日，当天会在首都巴黎举行大规模的阅兵式，并在法国各地举办一系列庆祝活动。

国王与王后

作为曾经的君主制国家，几个世纪以来，法国的国王一直具有至高无上的王权，其中大部分国王的名字都叫作路易。在中世纪的政治斗争中，为了与英国及其他欧洲国家争夺领土和权力，法国国王频繁发动战争，使得国家陷入债务累累、民生凋敝的境地。即便如此，国王路易十四（1638—1715年）依然挥金如土，建造了欧洲最大的宫殿——凡尔赛宫。

路易十四素有"太阳王"之称，他狂妄自负，认为自己就像天上的太阳，全法国都得围着他转。

法国大革命爆发之后，包括国王和王后在内的数千名贵族被处决，其中大多数人都被押上了断头台，因此这一可怕而锋利的斩首机器又被叫作"爱国剃刀"。断头台这个致命装置是由巴黎的一位医生发明的，目的是快速砍下脑袋，避免囚犯过于痛苦。

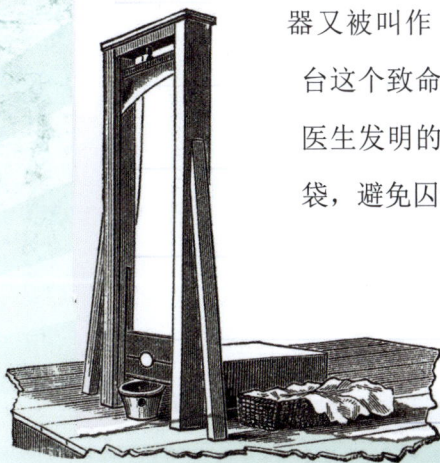

法国大革命

18世纪末，法国民众的政治意识逐渐觉醒，国内暴动此起彼伏。贵族阶级的奢靡无度，以及统治者路易十六和他的王后玛丽·安托瓦内特制定的严苛法律与残暴税收，都令百姓们感到激愤不平。1789年7月14日，一群愤怒的市民袭击并占领了巴士底狱，揭开了轰轰烈烈的法国大革命的序幕。巴士底狱是位于巴黎的古老的皇家监狱，这件事象征着君主专制的倒台。

玛丽·安托瓦内特王后在临死之前，说的最后一句话是向行刑者道歉，因为她不慎踩到了他的脚。

拿破仑大帝

法国大革命爆发后不久，法国军人拿破仑·波拿巴上台，在1799年到1814年期间，建立了拿破仑王朝，于1804年加冕称帝。到1812年为止，他率领的军队所向披靡，占领了中欧和东欧的大部分地区。然而，由于包括1815年的滑铁卢决战在内的一系列战役的失败，拿破仑被迫退位，并被流放到孤岛上。拿破仑王朝垮台后，法国经历了王朝与帝国的多次复辟，直到1871年，巴黎人民终于推翻帝制，宣布成立巴黎公社。

农业大国

法国幅员辽阔、气候温和、土壤肥沃，因此，在农作物种植和牲畜饲养这两方面具有天然的优势。现代法国非常注重工业，同时也是农业大国，国内约有50万个农场，约80万人在农场里工作。猜一猜，法国有多少农田？1/3以上的土地都是农田！事实上，如果把欧盟那么多国家的农田都加起来，法国的农田就占了其中的1/6。

你知道吗？

在2010年，一瓶产自波尔多白马山庄1947年的陈酿葡萄酒，以19.2万英镑的拍卖价售出。

8

葡萄美酒

早在2 500年以前，法国人就开始栽种葡萄并酿酒了。我们知道，意大利是著名的葡萄酒生产国，而法国则是它强有力的竞争对手。在法国境内，遍布着葡萄酒产地，从勃艮第到卢瓦尔河流域，比比皆是。因为这些产地的土壤、气候条件还有葡萄种类都不一样，所以生产的葡萄酒也各有风味。说到最负盛名的法国葡萄酒产地，非波尔多地区莫属，在这里，一年就能生产8.5亿瓶葡萄酒。

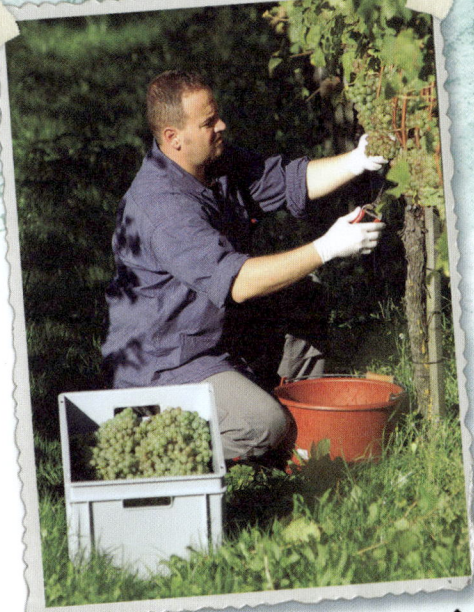

葡萄的丰收季节一般在9月份。

乡野生活

假如回到60多年前的法国乡村，我们可以看到，约有1/3的法国人都在农场里工作，他们干得热火朝天。但今时不同往日，随着农业的机械化发展，不少农场被合并成大型农场，拖拉机取代了人力，成千上万的农民只得迁往城市，寻求生计。因此，乡村逐渐变得荒凉起来，不复当初的繁荣景象。幸好，有一些村庄正在努力转型，发展成旅游风景区，如果你也想体验法国的乡野生活，不妨去这些地方逛一逛哦！

农牧产品

当你环游法国的时候，每到一处，都能见识到当地的特产。比如，加伦河谷和罗纳河谷的水果很有名，中北部地区主要种植小麦等谷类作物。法国的畜牧业很发达，奶牛、绵羊和山羊随处可见，法国人最爱吃的奶酪就是来自它们产下的奶。除了牛羊，鸡、鸭、鹅也是乡村小道上的熟面孔，如果认真地统计，法国的农民每年饲养的家禽有3亿只！

下图是位于勃艮第的一块麦田。2011年，法国农场共生产了3 800万吨小麦。

领土与家园

　　法国国土的轮廓呈六边形，所以它又被称为六边形国家。按照最长直径来算，法国南北长度约为965千米，东西宽度约为935千米。法国共有3条漫长的海岸线，分别与英吉利海峡、大西洋和地中海相邻。法国人对自己的语言非常有文化认同感，像菜单（menu）、桌子（table）、警察（police）、艺术（art）和山峰（mountain）等英语词汇，都来自法语。如今，全世界有超过2.2亿人说法语。

位于巴黎的法兰西学院院区是法兰西学术院的所在地。

语言规范

　　法国是第一个设立了官方语言管理机构的国家。1635年，法兰西学术院正式成立，学术院共有40名院士，因为他们从事的工作非常神圣，所以被尊称为"不朽者"。事实上，这些院士都是硬核的法语捍卫者，为了维护法语的纯正性，他们专门编订了一本官方词典——《法兰西学术院词典》，制定了关于词汇和语法的使用规则。近年来，由于担心英语词汇对法语的入侵，学术院还希望借助法国政府的力量，抵制诸如"电子邮件（e-mail）""最好的（best of）"和"停车场（car park）"等词语在日常生活中的使用。

右图是在马里相会的两名女性。马里拥有1 450多万人口，于1960年宣布脱离法国，成为独立的共和国。

摩纳哥

摩纳哥拥有700多年的历史，官方语言是法语，它的领土有3面被法国大陆完全包围，南面濒临地中海。摩纳哥的国土面积很小，只有2.02平方千米，几乎与英国奥尔顿塔主题公园差不多大。虽然堪称弹丸之地，但由于摩纳哥国内免征个人所得税，所以在3万多的总人口中，大多数居民都是富有的商人、电影明星或赛车手，是全球富豪最多的国家之一。

在摩纳哥的海滨，错落停放着不少豪华游艇，分布着高层公寓。

辽阔的领土

在历史上，法国是一个殖民大国，殖民地遍布海外各大洲。比如，包括马里等在内的29个非洲国家都曾是法国的殖民地，直到现在，法语还是这些国家的官方语言。

除了法国大陆，加勒比海的马提尼克岛和南美洲的法属圭亚那也是法国领土的一部分，属于海外省份，归法国的中央政府管辖。如果你去这两个地方玩，就会听到当地人都在说法语。

你知道吗？

以前，法国人给孩子起名字遵守着严格的政策规定。1992年，政策开始放宽，因而那一年最常见的名字不是雅克或让·保罗，而是凯文。

法国具有强大的经济实力，在工业方面，钢铁、化工和高新技术都是法国的支柱产业。法国的汽车制造业也很发达，每年能生产195万多辆汽车，像我们耳熟能详的标致、雪铁龙和雷诺等知名品牌，都来自法国。米其林集团是世界上最大的轮胎制造商，总部位于法国的克莱蒙费朗，每年生产1.5亿只轮胎。

航天技术

在航天技术方面，法国处于世界领先地位。法国不仅研制了许多卫星，还发明了用于发射卫星的阿丽亚娜运载火箭。大名鼎鼎的空客公司是欧洲顶级的飞机制造商，总部设在法国图卢兹。它生产了世界上最大的飞机型号——空客A380，一次可搭载853名乘客。

如果你是飞机迷，那么，请不要错过巴黎航空航天展。这是世界上历史最悠久、规模最大的航展，每两年举办一次。在展会上，你不仅能看到各种型号的飞机，还能欣赏壮观的飞行表演，绝对会大饱眼福！

看！一架长达72.7米的空客A380飞机正准备降落在巴黎航展的展会上。

每年的6月到8月是薰衣草的花期，让普罗旺斯成为香飘十里的紫色花海。

香水产业

在中世纪，许多法国人就开始利用茉莉花和薰衣草等鲜花的浓烈香味，来掩盖未经处理的尸体及无法冲水的马桶的臭味。自那以后，法国逐渐建立起庞大的香水产业，巴黎以及普罗旺斯的格拉斯小镇周边更是号称"世界香水之都"，种植着许多芳香植物。如今，法国拥有香奈儿、迪奥和欧莱雅等多家经营香水和美容品的大型企业，推出了数千种昂贵的香水品牌。在2013年，香奈儿还推出了超大规格的香奈儿5号香水，单瓶的成本超过2 700英镑。

下图是位于法国东南部的特里卡斯丁核电站，大约供应了国内电量总需求的6%。

你知道吗？

利莉亚娜·贝当古曾是法国最富有的女性，她是知名的香水和美容品公司——欧莱雅集团的继承人，于2017年过世。

核能发电

法国一共修建了50多座核电站，核能发电约占全国总发电量的78%，比世界上任何一个国家都多。由于核能是可再生能源，效率高，所以法国人付的电费比别的欧洲人更少。不过，凡事有利也有弊，核电站存在着泄漏的风险，一些法国人正在呼吁国家使用其他的替代能源。

13

建筑奇观

不管是令人叹为观止的桥梁，还是壮观宏伟的宫殿，法国的建筑都堪称巧夺天工之作。

凡尔赛宫的镜厅有357面镜子和40多盏枝形吊灯。

你知道吗?

据说，在路易十四统治时期，光是管理凡尔赛宫这一项的支出，就占了国家财政总开支的1/5。

凡尔赛宫

当路易十四决定在巴黎郊外建造宫殿时，他野心勃勃，不计成本地将父亲位于凡尔赛的狩猎行宫改建成欧洲有史以来最宏伟的王宫。宫殿内共有700间客房、2 000扇窗户、67座楼梯和1 200个壁炉，室外还有规模庞大的园林，不仅雕塑比比皆是，还种植了约20万棵树，总面积是摩纳哥的4倍。

在蓬皮杜中心，这些外露管线的颜色具有一定的规则：水管是绿色的，通风管道是蓝色的，电力管道是黄色的。

蓬皮杜中心

蓬皮杜中心以法国第19任总统乔治·蓬皮杜的名字命名，是一座集大型公共图书馆、欧洲最大的现代艺术博物馆以及音乐和声学研究所于一体的文化艺术博物馆。该中心的外形非常引人注目，因为它的基础设施都是外露在建筑表面的，比如水管和通风管道，等等。在1977年竣工时，这一建筑物的前卫风格曾引发巨大的争议，但没过多久，个性包容的巴黎市民就逐渐爱上了它。

米洛高架桥

如果你患有恐高症，那么千万别经过下图这座壮观的大桥。作为从法国南部到西班牙的快速交通路线，米洛高架桥横跨塔恩峡谷，从桥面到谷底约有270米，往下望去简直令人晕眩。大桥于2004年正式通车，桥身主要由混凝土制成，重达29万吨。

米洛高架桥每天约有2.5万辆汽车通行。

15

吃在法国

法国是一个令美食爱好者为之疯狂的国度，像保罗·博古斯和阿兰·杜卡斯等世界顶级的法国大厨，都被视为超级明星般的存在。法国美食对世界各地的饮食风格也影响深远。总的来说，与其他国家相比，法国人不喜欢购买加工食品，他们更愿意用新鲜食材亲手制作菜肴。不过，对于如今的法国年轻人来说，快餐变得越来越流行。

美食国度

不管是巴黎还是法国的其他城市，它们都有理由认为自己才是美食之都。每个地方都有别具特色的本地菜肴。以里昂为例，它以各式各样的熟肉、肉馅和特制香肠而闻名，你可以在里昂的小餐馆里品尝这些美食。在巴黎，从小酒馆到高级餐厅应有尽有。如果你去高级餐厅用餐，那么在它所供应的法式全餐里，一杯红酒的售价可能就超过300欧元哦！

对于法国人而言，饮食是一门艺术，与食物口味、烹饪技巧以及摆盘形式三者密切相关。

特色食材

松露

法国人真的会吃蜗牛和青蛙腿吗？没错！而且，有的法国人还会吃海胆和鞑靼牛排，后者是一道将牛肉或者马肉剁碎后生吃的菜肴。在法国，松露是最昂贵的食材之一，它是蘑菇的一种，深埋于地下，散发出强烈的气味。采摘松露是很有讲究的，专业的松露猎手（俗称"块菌专家"）会培养一些训练有素的狗或猪，靠它们敏锐的嗅觉来寻找松露。松露价格极高，有的品种售价超过每千克1千英镑。

法式蜗牛（escargot）是用大蒜调味的，听起来是不是像一道黑暗料理？

你知道吗？

法国人米歇尔·洛蒂托被称为"铁胃大王"，因为他的胃能消化任何东西。他能吃金属和玻璃制品，从自行车到灯泡，无一例外。从1978—1980年，他将一架塞斯纳轻型飞机拆卸开来，再一块一块地吃掉。读到这里，小读者们可千万不要自己在家里尝试哦！

奶酪王国

世界上最能吃奶酪的人是谁？当然是法国人！他们每人每年预计要吃下26千克的奶酪。绵羊、山羊以及奶牛产的奶都可以用来制作奶酪，法国共有400多种不同种类的奶酪，每个地区都有引以为豪的本地奶酪，比如诺曼底的卡门贝尔奶酪、卢瓦尔的波特萨鲁特奶酪，等等。其中，东部地区出产的孔德奶酪是法国最受欢迎的奶酪，每年产量约4万吨。

在普罗旺斯的一家商店，展出了各种令人垂涎欲滴的法式奶酪。

　　法国曾诞生了许多伟大的作家、剧作家、雕塑家和画家，以卓越的艺术成就而闻名于世。法国的音乐家也在世界上享有盛誉，涌现了像乔治·比才、莫里斯·拉威尔、克劳德·德彪西等伟大的作曲家，以及蠢朋克乐队等现代音乐演唱团体。

法国印象派代表人物埃德加·德加的名画《蓝色舞者》。

印象派画家

　　在法国的绘画艺术流派中，印象派具有划时代的影响力。这一流派兴起于19世纪的巴黎艺术家群体之中，他们首次尝试用大胆的颜色和笔触，来呈现日常生活场景中的光影效果。在当时，这种前卫风格令许多人大吃一惊，同时也很快地流行起来，对其他艺术家的风格产生了巨大影响。著名的印象派画家包括克劳德·莫奈和埃德加·德加等，他们的作品至今仍陈列在法国的画廊和博物馆中，吸引着数百万人驻足欣赏。

法国电影

电影最早诞生于法国。在1895年，被称为"世界电影之父"的卢米埃尔兄弟——奥古斯塔和路易斯，首次使用自行设计的相机和投影仪，向巴黎的观众放映他们所拍摄的电影。从那时起，法国电影行业迅速发展，像让·吕克·戈达尔和弗朗索瓦·特吕弗等导演，还有杰拉尔·德帕迪约和奥黛丽·塔图等演员，都堪称国际巨星。每年，法国小镇夏纳都会举办盛大的电影节，邀请世界各地的导演、制片人以及好莱坞影星等知名电影界人士出席。

你知道吗？

法国作家乔治·佩雷克在1969年出版了小说《消失》，在多达300页的小说文本中，他完全没有使用字母"e"。

法国文学

从伏尔泰、埃米尔·左拉到儒勒·凡尔纳、马塞尔·普鲁斯特，法国是许多文学巨匠的故乡。其中，最受普罗大众欢迎的作家莫过于维克多·雨果，他创作了《悲惨世界》和《巴黎圣母院》等杰作。1885年，当雨果去世时，多达200万人为他送葬。法国还有许多经典的儿童读物，至今仍深受全世界的孩子们的喜爱，比如亚历山大·大仲马的《三个火枪手》和查尔斯·佩罗的《灰姑娘》《睡美人》，等等。作为经典漫画形象，阿斯特克斯也是法国人最爱的角色。

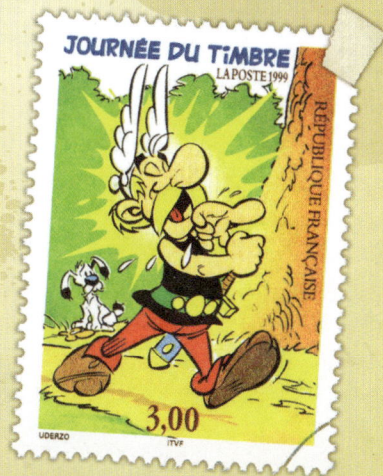

阿斯特克斯这一漫画形象诞生于1961年，此后成为十几部电影的主角，关于它的图书也十分畅销，销量超过3.25亿册。

度假胜地

法国是海外旅客最爱的度假胜地，每年，法国都会接待成千上万名海外旅客。不过，你知道法国人喜欢去哪里度假吗？答案或许挺出人意料的——大多数的法国人会选择留在法国，去别的省份度假。

环法旅游

在法国的节假日，由于旅客众多，长达1.2万千米的高速公路常常陷入拥堵状态。所以，很多法国人都会选择乘坐法国高速列车（TGV）出行。有些人会去法国乡下旅游，住在度假小屋里，或者与家人一起露营，也有一些人住在度假营里。当然，还有很多法国人喜欢徒步或骑自行车旅行，在法国的山林间感受大自然的魅力。

法国高速列车（TGV）的速度可达320千米/小时，首趟列车在测试期间行驶了近100万千米。

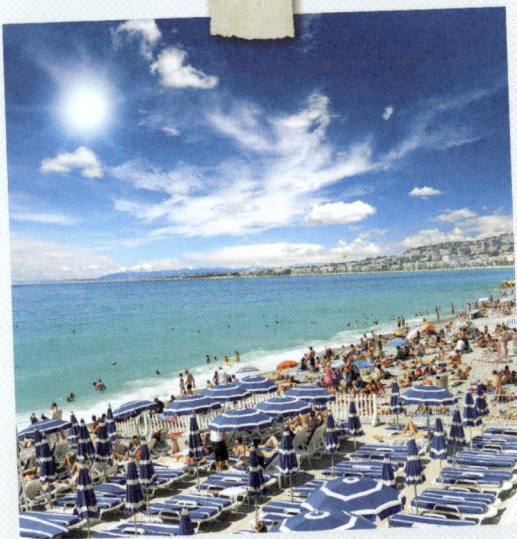

夏日的尼斯人满为患，如果想在这片美丽的海滩抢占个好位置，就一定要早点来！

海滩生活

在法国悠长的地中海沿岸，坐落着大大小小的海港城市，像马赛和尼斯，等等。西部以沙滩为主，东部的里维埃拉海岸则大部分由岩石和卵石组成，有着许多举世闻名的度假胜地，如圣拉斐尔和圣特罗佩，每到假日总是游人如织。在法国西部的大西洋海岸，尽管气温相对更低一些，对游客来说依然魅力不减，他们喜欢去那儿冲浪、欣赏美景，以及品尝牡蛎等海鲜美食。

冬季运动

法国人都非常热爱冬季运动，毕竟，在他们家门口就有着一个得天独厚的滑雪天堂！阿尔卑斯山脉延伸至法国的东南部，那片区域设置了3 700多条滑雪索道，专用于将滑雪者和他们的雪板运送至大部分雪道的顶端。其中，著名的三峡谷滑雪场共有330多条不同的雪道。

在法国阿尔卑斯山的某个滑雪胜地，一名滑雪者正在粉雪上飞驰。

法国发明

你知道比基尼泳衣的发明者是一位法国汽车工程师吗？你知道polo衫的发明者是法国的网球冠军吗？还有，发明人造黄油的是一位法国化学家，发明卷笔刀的则是法国数学家……接下来，让我们来看看法国人的一些天才发明吧！

热气球

1783年9月，一个载着一只公鸡、一只绵羊和一只鸭子的热气球飞上了天空，这是由蒙特哥菲尔兄弟——约瑟夫·米歇尔和雅克·艾蒂安制造的，连国王路易十六也观看了这场长达8分钟的飞行。两个月后，他们又利用热气球进行了第一次载人飞行。

水肺潜水器

1943年，在法国的里维埃拉海岸，雅克·库斯托成功测试了世界上第一个水肺。水肺潜水指的是让潜水员背上背着一个气瓶，通过一个特殊的阀门输送空气，防止其肺部因过度扩张而受损。

布莱叶点字法

路易斯·布莱叶为盲人设计了一套用于阅读的文字系统，当时他年仅15岁。该系统是利用书页上凸点的不同排列方式，代表各个字母、数字和标点符号。如今，世界各地有数百万人使用这一盲文系统。

霓虹灯

1910年，法国化学家乔治·克劳德发明了霓虹灯。通过在灯管中注入氖气，他证明了氖气对电非常敏感，加热时会发光。如今，不少商店、咖啡馆和酒吧都将自己招牌的字母做成霓虹灯，一到夜晚就发出五彩斑斓的光芒。

疫苗

法国微生物学家路易斯·巴斯德是抗击传染病的先驱。1888年，巴黎开设了巴斯德研究所，由他担任所长。这一研究所挽救了数千人的生命，还开发了预防脊髓灰质炎、白喉和黄热病等疾病的疫苗。

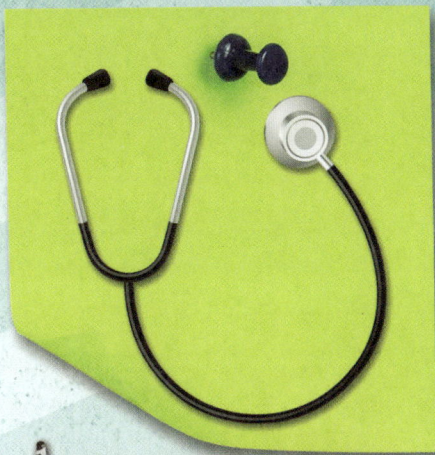

REPUBLIQUE CENTRAFRICAINE
PASTEUR
Centenaire du premier vaccin contre la Rage
POSTES 1985
150F

听诊器

听诊器是用于探听人体内部运作的装置，1816年，法国医生何内·雷奈克发明了世界上第一个听诊器。最初的设计是木制的，看起来像一个小型的喇叭听筒。

polo衫

polo衫的发明者是法国的网球明星雷内·拉科斯特，他曾经是七届网球大满贯得主。由于当时的白色网球服会对动作造成一定的限制，不适合运动的时候穿，所以在1926年，他自己设计了一件网球服，也就是今天的polo衫。

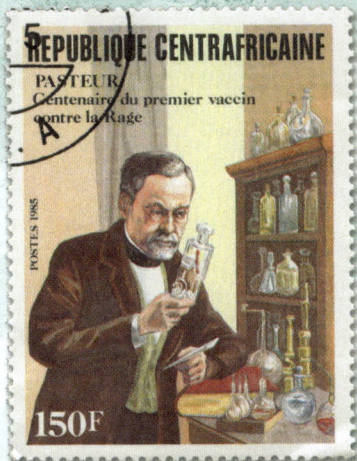

你知道吗？

有一项法国的发明并没有流行起来，那就是汽车铲。这是一种装在汽车前部的篮子状的铲斗，用于举起挡路的行人，并把他们抬到一边再放下。

23

体育运动

法国堪称世界级的体育强国，曾获得727枚夏季奥运会奖牌和133枚冬季奥运会奖牌！全世界共有四大网球公开赛，法国网球公开赛就是其中之一，每年都在巴黎举行。除了网球，田径、手球、篮球、滑雪、帆船和滚球等都是很热门的体育项目。也许你没有听说过滚球，这种运动和保龄球有点像。

法国足球

喜欢看世界杯的小球迷都知道，国际足球联合会（FIFA）是国际性的足球管理组织，该组织于1904年在法国成立。你知道是谁首次提出了举办足球世界杯的建议吗？他是一名法国人，也是当时的足联官员、后来的足联主席——朱尔斯·雷米特。

法国人的足球踢得很好，1998年和2018年赢得了世界杯冠军，2006年获得亚军，还曾经两次赢得欧洲足球锦标赛冠军（1984年与2000年），一次摘得奥运会金牌（1984年）。著名的法国足球俱乐部包括马赛、巴黎圣日耳曼和里昂等，这些俱乐部都在法国顶级的足球联赛——法甲踢球。

弗兰克·里贝里曾效力于5家法国足球俱乐部，包括梅兹和马赛在内。

24

环法自行车赛

每年6月，法国都会举办世界上规模最大的自行车赛——环法自行车赛。这项赛事为期3周，对参赛的自行车选手而言是关于力量、速度和耐力的极限挑战。比赛期间，选手们将在陡峭的山峦间上下坡，绕过险象环生的急转弯，并进行快速冲刺。比赛场地并不仅限于法国本土，某些赛段会设置在意大利、英国和比利时等其他欧洲国家境内。在2013年，法国举办了第100届环法自行车赛，全程共3 360千米，始于法国的科西嘉岛，环绕整个法国1周，终点设在巴黎。

每个参赛者都希望能穿上黄色领骑衫，这代表着他在自行车赛的总成绩排名第一。

你知道吗？

从2004年到2012年，塞巴斯蒂安·勒布曾连续9年蝉联世界拉力锦标赛冠军。

每一场勒芒24小时耐力赛都会吸引超过25万名观众观看。

勒芒24小时耐力赛

每年6月，在法国北部的勒芒还会举行一场持续24小时的赛车比赛。在比赛中，约有50辆赛车绕着赛道连续飞驰24个小时，最终，完成最多圈数的参赛车队获胜。在2012年的比赛中，获胜车队行驶的总里程数约为5 151.76千米，这等于开车从伦敦前往巴黎，一共行驶了16次！

法式生活

当法国人在社交场合见面时，他们的寒暄方式通常是询问对方的兴趣爱好和空闲时间，几乎从来不谈工作。对于大多数法国富人来说，他们所信奉的是一种轻松愉快的人生观，相对于埋头工作，更多的时间和收入都会用于体验生活。这就是法式生活的真谛，它往往代表着身穿漂亮的衣服、享用美味的食物，或者惬意地吃顿饭，度过一个悠长的假期！

校园生活

法国学校的午休时间很长，最长可达到两个小时。在2008年之前，学校一周课程安排是从周一到周六，通常情况下，周三都会放假一天。2008年之后，改为周一到周五上课。学生在15岁的时候，会去大学预科学校学习3年，相当于上高中。17岁或者18岁的时候，他们会参加法国业士学位考试，对10门左右的科目进行测试。如果想上大学或者获得一份高薪的工作，他们就必须通过这项考试。

一位小学女教师正在给班上的一个女孩讲课。

老佛爷百货是位于巴黎的一家10层高的
豪华百货公司。

根据2011年的一项针对世界上34个发达国家的调查显示，在所有被调查的国家中，法国人在睡眠、饮食和购物等方面花费的时间最长。对许多法国人来说，在面包店前排队买新鲜出炉的面包，或者去甜品店买一块美味的蛋糕，并不是什么任务，而是生活中的"小确幸"。法国人大多具备相当好的时尚嗅觉，总是打扮得很时髦。

与法国人有关的数字

如今，超过80%的法国人居住在城镇。

法国的出生率很低，只有0.47%，人口日益老龄化。

在马格里布近400万人口中，绝大多数都是穆斯林，在他们的家庭中，至少有一位祖父母来自北非。

法国人的预期寿命位居欧洲前列，其中，法国女性的预期寿命为85.3岁。

发现德国

欢迎来到德国！这里森林茂密，河流密布，城市众多，历史悠久。德国是一个经济强国，诞生了不少世界顶级的大公司。你知道最早的喷气式飞机和汽车是由德国人制造的吗？你知道X射线是在德国被发现，阿司匹林也是由德国化学家合成的吗？如果想要进一步探索德国的城堡、汽车及相关文化，了解那些著名城市和知名人物的话，请继续读下去吧！

出发吧！

小档案

国土面积：35.8万平方千米

人口：8 410万（截至2022年9月的统计数据）

首都：柏林

邻国：奥地利、比利时、捷克共和国、丹麦、法国、卢森堡、荷兰、波兰、瑞士

货币：欧元

国旗：

国家象征：德国的国树是橡树

柏林勃兰登堡门上耸立的雕塑——胜利女神。

30

柏林电视塔比巴黎的埃菲尔铁塔还高出45米。

柏林是德国最大的城市，占地面积约892平方千米，约是巴黎的9倍。柏林有1 700多座桥梁。

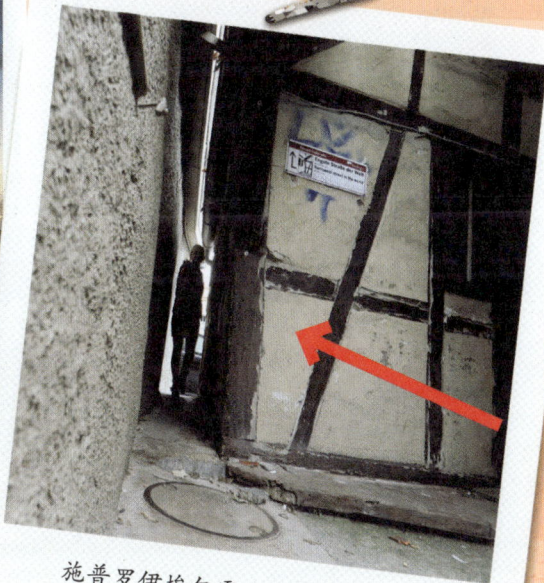

施普罗伊埃尔霍夫街是世界上最窄的街道，位于德国南部的罗伊特林根，最窄处只有31厘米宽。

31

森林、河流与湖泊

德国分为三大地形区，北部是平原地区，濒临北海及波罗的海，海岸线长约2 390千米；中部和南部以高原、山地为主，再往南与奥地利接壤。德国的最高峰是祖格峰，海拔2 693米。

森林家园

德国是欧洲森林资源最丰富的国家，森林覆盖率达到30%以上，常见树木是冷杉、松树、山毛榉、橡树和桦树等，是海狸、野猪等各种野生动物栖息的乐园。

你知道欧洲最大的森林在哪里吗？没错，就在德国，是位于南部的巴伐利亚森林。风景秀丽的黑森林地区也很出名，每年吸引了数以百万计的游客。

德国拥有约250万栋木质结构的房屋，比欧洲其他国家都要多。

在易北河的泥滩上，每年都会举办"泥地奥运会"。为了参加各种体育比赛，选手们必须涉过一片及膝深的烂泥地。

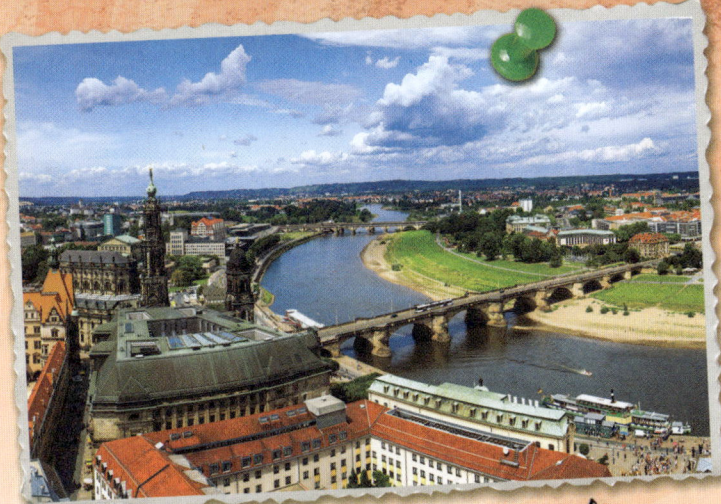

易北河，流经位于德国东部的德累斯顿市。

河网密布

德国是个河流众多的国家，莱茵河与多瑙河这两条欧洲最长的河流，都流经德国。其中，莱茵河是西欧第一大河，在德国境内的长度约为865千米。德国还有十几条河流的长度都超过180千米，比如约700千米长的易北河。这些都是德国的水上交通要道，不管是货物运输、旅游出行，还是休闲娱乐，都离不开河流。在多瑙河和美因河之间，还有一条长约171千米的巨型运河，它沟通着德国的各大水系，并将货物从黑海运往北海。

湖泊与洞穴

光是在德国的梅克伦堡湖区，就有多达1 000多个湖泊！康斯坦斯湖是德国最大的湖泊，不过，由于它位于德国、瑞士和奥地利三国边界，所以这个湖并不完全属于德国，也属于另外两个国家。在湖上，人们可以捕鱼，也可以进行水上运动，比如进行皮划艇和帆板运动。

德国分布着大片石灰岩地区，经过长期溶蚀之后，形成了庞大的洞穴系统，也就是我们常说的喀斯特地貌。想去洞穴参观吗？比如长达1 500多米的魔鬼洞，还有曾经发现灭绝动物洞穴熊骨架的熊洞。

在法尔肯施泰因岩洞，从洞穴顶部垂下长达1米的钟乳石，就像洞里潜伏着一条鳄鱼。

东德与西德

在历史上，德国并不是一个统一的国家，实行松散的邦联制。在那时，德国由大大小小的城市和州组成，各自为政，没有统一的领导和政权。1871年，德国成立了德意志帝国，标志着国家从分裂走向统一，最高统治者是德意志帝国皇帝。到了20世纪，在第二次世界大战后，德国又再次分裂成东德和西德。

东西德分裂

1945年，德国在第二次世界大战中战败后，就被四个战胜国分区占领了。四年后，在苏联控制之下的东部地区成为独立的国家，即德意志民主共和国（DDR）；被法国、英国和美国三国占领的西部地区，成立了德意志联邦共和国（FRG）。在此后的40多年里，东德和西德分别施行不同的政治经济制度。

柏林墙

二战战败后，柏林不再是德国的首都，并分裂成了东柏林和西柏林。1961年，德国形势进一步恶化，东德建造了一堵43千米长的混凝土边防围墙，用来阻止其公民叛逃到西德——这就是柏林墙。从此，柏林墙成了德国分裂的象征。

柏林墙至今仍残留着一小段，墙上绘制着各种各样的涂鸦。

间谍之都

从第二次世界大战晚期到20世纪90年代早期，美国和苏联两个超级大国爆发了著名的冷战。被两国控制的东、西德首当其冲，处于"冷战时期"的最前线，柏林城里经常会有来自各个国家的间谍进出，因而被称为"间谍之都"。有时，当间谍被俘获后，两方会在柏林的格利尼克桥上交换人质。

你知道吗？

在20世纪50年代，为了窃听东德情报，来自美国和英国的间谍在东西柏林分界线下挖了一条450米长的隧道。

横跨哈维尔河的格利尼克大桥。

两德统一

1989年，柏林墙被推倒了，人们欢欣雀跃，如同潮水般从东德涌入西德。第二年，德国统一，赫尔穆特·科尔当选德国总理，成为德国最高领导人。现在的德国共有13个州和3个市州，都被称为联邦州，柏林也再次成为德国首都。2005年，德国选出了历史上第一位女总理——安格拉·默克尔。

1990年开始，10月3日是德国的国庆日，柏林的勃兰登堡门燃放烟花，庆祝统一。

吃在德国

说到德国美食，可并不仅仅只有香肠和酸菜（也就是腌白菜）哦！不过大名鼎鼎的德国香肠，在德国人的菜单上的确是相当重要的。此外，德国还有300多种不同类型的面包，去全国各地都能品尝到丰富美味的地方小吃。

德国香肠

德国有1 500多种香肠，比如慕尼黑的特产是白色香肠，叫巴伐利亚白香肠，通常只在上午供应。有些餐厅的传统菜式是炸血肠佐以土豆泥和苹果酱，由于苹果生长在树上，土豆生长在地下，所以菜名叫作"天与地"。在德国，蘸上调有咖喱粉和番茄酱的热香肠很受欢迎，这是街头随处可见的小吃，光2013年这一整年就售出了一个天文数字——整整8亿份！咖喱肠已经与土耳其烤肉串一同登上德国人最喜欢的外卖榜单。

地方小吃

德国的每个地区都有特色小吃，比如巴伐利亚的德式咸猪肘、德国北部沿海的炖鳗鱼、北部一些地区的饺子和东部盛产的甜菜根汤，还有一种炖菜是由鹅杂碎、鹅血佐以醋和胡椒炖煮而成的，但不适合脾胃不好的人食用。在德国中部的维尔希维茨，还有一道黑暗料理叫作"螨虫奶酪"，奶酪里蠕动着0.5—0.7毫米长的活螨虫，实在是难以想象！

德国北部的炖鳗鱼。

巴伐利亚白香肠通常佐以甜芥末和碱水面包一起食用。

巴伐利亚咸猪肘配泡菜。

美味甜点

许多德国人都喜欢吃甜食，风靡世界的小熊软糖就是德国人汉斯·黎格在1922年研发的，他还由此缔造了哈利波商业帝国。在德国，最受欢迎的甜食是苹果馅饼，这是一种以苹果和用肉桂粉调味的葡萄干做成的清淡糕点，还有用杏仁糖粉与各式干果制成的斯托伦蛋糕。

在德累斯顿，每年人们都会烘焙斯托伦蛋糕来庆祝节日。

啤酒之乡

德国拥有1 200多家啤酒厂，比欧洲任何一个国家都要多。光是在奥夫塞斯区就有4家啤酒厂，而当地总共只有1 500多名居民。德国的啤酒节种类繁多，你可以在啤酒节上品尝到超过5 000种的啤酒！自1810年开始，慕尼黑每年秋季都会举办世界上规模最大的啤酒节，又被称为"十月盛典"，超过600万的游客慕名而来，欢聚在一起，在轻快的乐曲声中畅饮啤酒、享受美食，进行各种休闲娱乐活动。每年的啤酒节将持续16天，约供应700万升啤酒。

在巨大的啤酒帐篷里，人们尽情欢度慕尼黑啤酒节。

你知道吗？

慕尼黑啤酒节的失物招领处一直很忙。在2013年啤酒节期间，丢失的物品包括上百部手机和护照、两枚结婚戒指，还有一个拜仁慕尼黑足球俱乐部出品的花园小矮人摆件和一副假牙！

37

能源与经济

德国是世界著名的工业大国，每年的电力消耗量非常大，电力来源主要是燃煤发电站，与此同时，对可再生绿色能源的需求量也在持续增加。

你知道吗？

德国拥有超过140万台太阳能发电器，大部分都安装在屋顶上。

巴格尔293挖掘车每天可以挖出多达24万立方米的矿石。

矿产资源

除了岩盐和钾盐，德国最主要的矿产资源是煤矿，鲁尔区被称为德国的"煤炭之都"。东部地区以生产褐煤为主，如果你去矿场参观，经常能看到工人们驾驶着巨大的斗轮式挖掘车，进行煤矿开掘。在一个叫哈姆巴赫的褐煤矿，你还能见识到超大型的挖掘车，它的名字叫作"巴格尔293挖掘车"，车身长达225米，重达13 500吨！

可再生能源

德国国内1/5的电力都来自核能发电，不过，政府计划在2020年前逐步淘汰核电站，进一步开发水能、太阳能和风能等可再生能源。目前来看，德国的能源前景挺乐观的，世界上约20%的太阳能电池都产自德国，这种电池能够将阳光转化为电能。德国还有21 000多台风力涡轮机，发电量约占全国总发电量的8%。

在弗莱堡市某个"太阳能村"，家家户户的房屋上都安装了太阳能电池板。

在慕尼黑的一场示威游行中，群众正在抗议核能的使用。

绿色运动

1869年，德国博物学家恩斯特·海克尔最先提出了"生态学"这一新名词。以他为代表的众多德国人都始终站在保护地球生态环境的最前线。单从城市垃圾的回收率来看，德国已经超过了60%，是英国的1.5倍。

20世纪70年代末，德国的环保主义者成立了绿党，绿党一开始是主张生态保护的非政府组织，后来进入议会，开始参政议政。如今，德国的绿党已经在联邦议院拥有60多个席位。

骑士与城堡

中世纪以后，在漫长的几百年历史中，德国这片土地战火频仍，一直处于分裂与割据的状态，许多州、王国和独立城邦彼此争夺着领土和权力。

克里布斯泰因城堡高耸于乔保河之上。

风景宜人的要塞

历史上，贵族们经常营建堡垒、城堡等军事要塞，以保护自己的领土免受八方威胁，其中一些城堡直到今天还保存完好。

许多城堡筑于能够俯瞰河流的高崖上，比如克里布斯泰因城堡，或者像海德堡城堡那样，建在陡峭的山坡之上，能居高临下地俯视小镇及其周边地区的风貌。布格豪森城堡是为了保卫巴伐利亚公爵家族及财产而建造的，它是一座宏伟的城堡，有5个庭院，周围环绕着巨大的石墙，长达1 004米，是欧洲最大的城堡群。

提到骑士，你大概会马上联想到那些身骑骏马，肩披重甲，手持长矛或利剑，在战场上奋勇杀敌的英雄。在历史上，绝大多数的骑士属于雇佣兵，为雇佣者的王国或领土而战。在德国光辉灿烂的骑士史中，最大名鼎鼎的莫过于葛兹·冯·贝利欣根。1504年，在兰茨胡特城围城战的炮火声中，他误将手中的剑刺穿了自己的手臂，从此失去了右臂，戴上了铁制的机械义手。此后，他持续战斗了40多年，参加了无数场战斗，后来在霍尔恩堡度过了晚年。

1480-1562
DEUTSCHE b JNDESPOST
GÖTZ VON BERLICHINGE
60
1980

印有葛兹·冯·贝利欣根肖像的德国纪念邮票。

梦幻城堡

到了19世纪，尽管骑士们早已销声匿迹，一些富有的德国贵族为了追忆曾经的辉煌时代，纷纷着手修建自己心目中的童话城堡。1869年，巴伐利亚国王路德维希二世下令建造了巍峨的新天鹅堡，里面有专门为城堡建造的室内瀑布以及两台欧洲最早的电话。城堡的打造极其耗费人力，光是一个房间内陈设的所有木头家具，就需要14位木工花费4年多时间才能打造完毕。

每年都有超过130万的游客慕名参观新天鹅堡。

你知道吗？

为了制造新天鹅堡的窗框，路德维希二世派专人从奥地利运来大理石，总共耗费了400多吨！

疯狂足球

德国人喜欢赛车、篮球、冰球、手球，也喜欢自行车等运动，但足球绝对是德国的头号运动，全国平均每10人中就有1个足球运动员，共有26 000多家足球俱乐部。

在德甲比赛中，热情的球迷们正在为他们的球队摇旗呐喊。

德甲联赛

德国顶级的足球俱乐部都会参加德国足球甲级联赛（德甲）。德甲始于1963年，共有18支球队参加，是世界上支持率最高的足球联赛之一，每赛季单场比赛的上座率就超过45 000人。在参加德甲的众多俱乐部之中，拜仁慕尼黑足球俱乐部的表现最为亮眼，曾31次赢得联赛冠军。

在德国，为足球而疯狂的球迷们比比皆是。相对于其他国家的资本化运营，德国足球采取的是球迷会员制，球迷的权力非常大，能够掌控俱乐部的一切事务，包括决定球赛的票价。因此，如果想要观看拜仁慕尼黑或者多特蒙德等德国顶级足球俱乐部的比赛，门票价格可能只有英超联赛的1/4，而且许多球场都出售站票。其中最负盛名的看台站席位于多特蒙德市的伊杜纳信号公园球场，可以容纳25 000名热情球迷。球迷们都身着黄黑色的主场球衣，放眼望去，如同筑造了一片黄色城墙，绝对是足球场上最为壮观的场景之一。

为什么把看台比作"黄色城墙"？看图片就知道！

在国际足球的竞技场之上，德国男足的表现相当出色，曾在国际足联举办的世界杯中4次赢得冠军，4次位居亚军，德国也曾两次获得世界杯的主办权。德国的前锋、老将米罗斯拉夫·克洛泽是世界杯有史以来进球最多的射手，共进了16个球。德国女足也非常成功，曾两次赢得女足世界杯冠军，8次捧起欧洲锦标赛冠军奖杯。

米罗斯拉夫·克洛泽庆祝新的进球。

43

超级城市

德国有1 000多个中小型城镇，只有4个城市的人口超过100万，包括德国首都柏林及科隆、汉堡、慕尼黑。

科隆是德国热门的旅游胜地，每年春天都会举办狂欢节。

科隆：历史名城

大约2 000年以前，科隆这座城市是作为罗马帝国的前哨，沿着莱茵河修建而成的。在中世纪，这里曾是欧洲最大、最富有的贸易中心之一。如今，城内还保留着中世纪的部分城墙。科隆的经典景点还包括巧克力博物馆——听上去就令人垂涎欲滴。游客们还可以来科隆参加各种大型交易会，全年多达50多场。当然，别忘了科隆狂欢节，这可是欧洲极富盛名的嘉年华之一哦！

汉堡：超级港口

作为德国的第二大城市，从中世纪开始，汉堡大力发展海上贸易，逐渐变得繁荣起来。汉堡沿着易北河而建，是德国最大的港口，也是欧洲的第二大港口，每年进出港的船舶有1万多艘，吞吐的货物和原材料有1.3亿多吨，每月在港口铁路行驶的货运列车约有6 000趟。

今天，当我们来到汉堡城，能够见识到世界上最豪华的市政厅——里面有647间客房，以及充满艺术气息的大型画廊和数不清的运河，等等。运河上还有超过2 400座桥梁。

你需要爬436级台阶，才能到达汉堡市政厅112米高的塔顶。

你知道吗？

慕尼黑城内有条艾斯巴赫河，湍急的水流形成了1米高的浪差，人们能在河上尽情享受冲浪的乐趣！

慕尼黑：文化之城

慕尼黑位于德国东南部，是通往阿尔卑斯山脉的门户。它也被称为"文化之城"，因为这座城市有60多家剧院、40多家博物馆和200多家出版社。在1972年慕尼黑奥运会举办期间，政府下令将一些主要干道改为步行街，从此以后，这些街道严禁车辆通行。慕尼黑拥有世界最大的城市公园，颇具东方艺术特色，园内还有若干座仿古的亚洲木塔，但它被命名为"英式花园"，游客们还会在里面一丝不挂地晒日光浴！

人们在慕尼黑长达两千米的艾斯巴赫河上冲浪。

科技与哲学

德国人的科学创新和思辨能力都非常强，多次在科技、哲学领域取得突破性进展。德国人荣获了111次诺贝尔奖，其中世界上首位诺贝尔物理学奖得主康拉德·伦琴正是来自德国，在1901年，他因发现X射线而获奖。

大发明家

说到德国科学家的发明，那真是数不胜数。比如，世界上第一架喷气式飞机——亨克尔He-178、第一艘巨型载客飞艇、第一台柴油发动机以及电子显微镜，都得归功于德国人！沃纳·冯·布劳恩发明了世界上第一枚远程火箭导弹——V-2火箭。康拉德·楚泽是计算机领域的先驱，他制造了第一台电子计算机。弗劳恩霍夫协会的科学家们研发了MP3的音频压缩功，让音乐能被轻轻松松装进口袋。

德国科学家不仅发现了X射线，还发明了隐形眼镜和摩托车！

在柏林的亚历山大广场附近，矗立着马克思（左）和恩格斯的雕像。

从弗里德里希·尼采到伊曼努尔·康德，德国的许多哲学家都致力于研究人类生存与发展的终极问题，比如，人的本质是什么？人是如何生活在这个世界上，又是如何与他人和周围的世界互动的？像汉娜·阿伦特和来自普鲁士的卡尔·马克思等哲学家的思想，还深刻地影响了政治。马克思和他的挚友——同样也来自普鲁士的弗里德里希·恩格斯于1845年共同撰写了《共产党宣言》。此外，马克思还著有《资本论》。

了不起的爱因斯坦

1879年，阿尔伯特·爱因斯坦是世界上最著名的科学家！你听说过著名的方程式——$E=mc^2$吗？爱因斯坦就是通过这个方程式，展示了能量和质量之间的相互关系。

因为在光电效应方面的研究，他荣获了1921年的诺贝尔物理学奖。此外，爱因斯坦还提出了激光理论，为后来的科学家研制激光器奠定了理论基础。

爱因斯坦的性格比较古怪，他讨厌穿袜子，从来没有学过开车。1952年，爱因斯坦被邀请担任以色列总统，但他礼貌地拒绝了。

大科学家阿尔伯特·爱因斯坦正在工作。

行在德国

德国是个非常适合旅游的国度，博物馆和画廊遍布全国，约有6 300家，比欧洲任何国家都多。其中一些博物馆，如柏林新博物馆和德累斯顿的茨温格博物馆（见右图），在全球都享有盛誉。还有一些像阿尔菲尔德小镇的打鼾博物馆，相对而言就比较小众啦！

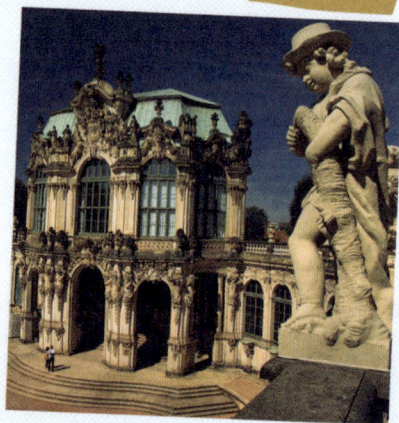

德累斯顿的茨温格博物馆。

这座微缩景观乐园的铁路模型包括890列火车和11 000多节车厢。

奇妙博物馆

在德国众多博物馆之中，有一些充满奇思妙想的藏品。在德国黑森林地区的蒂蒂湖附近，是布谷鸟钟博物馆的所在地；杜塞尔多夫有一家芥末博物馆；慕尼黑还有一家从艺术史角度研究土豆的土豆博物馆。在汉堡，还有一座以展示世界最大的铁路模型而闻名的微缩景观乐园，园内的铁轨长达15 000米。

动物大观园

1 200多年前，查理大帝从阿拉伯皇帝手中接过一头大象，并把它带回奥格斯堡，从此以后，德国的动物种类就逐渐变得丰富起来。因此，在德国的动物园里，你能够领略到来自全世界珍禽异兽的风采。

莱比锡动物园已经繁殖并饲养了2 000多头狮子、250头稀有的西伯利亚虎，还拥有欧洲最大的热带雨林温室。这座中央供暖的建筑比两个足球场还大，里面居住着100多种热带动物，包括貘和侏儒河马。柏林动物园于1844年开业，是德国现存最古老也是最大的动物园，园内有两万多只动物，每年有超过300万游客前来参观。

柏林动物园里有1 500多种动物，包括图上的帝企鹅。

国家公园

1921年，德国现存最古老的自然保护区在吕内堡荒原建立。在那以后，3 000多个类似的保护区陆续成立，其中包括15个大型国家公园。许多德国人喜欢在公园里徒步旅行、骑自行车或者划独木舟。国家公园里的生态环境相当好，如果你来到德国与比利时边境附近的艾菲尔国家公园，说不定能在山毛榉林里看到不少野猫。哈兹国家公园则是猞猁、游隼和黑鹳的家园。

在巴伐利亚国家森林公园里有棕熊出没。

汽车大国

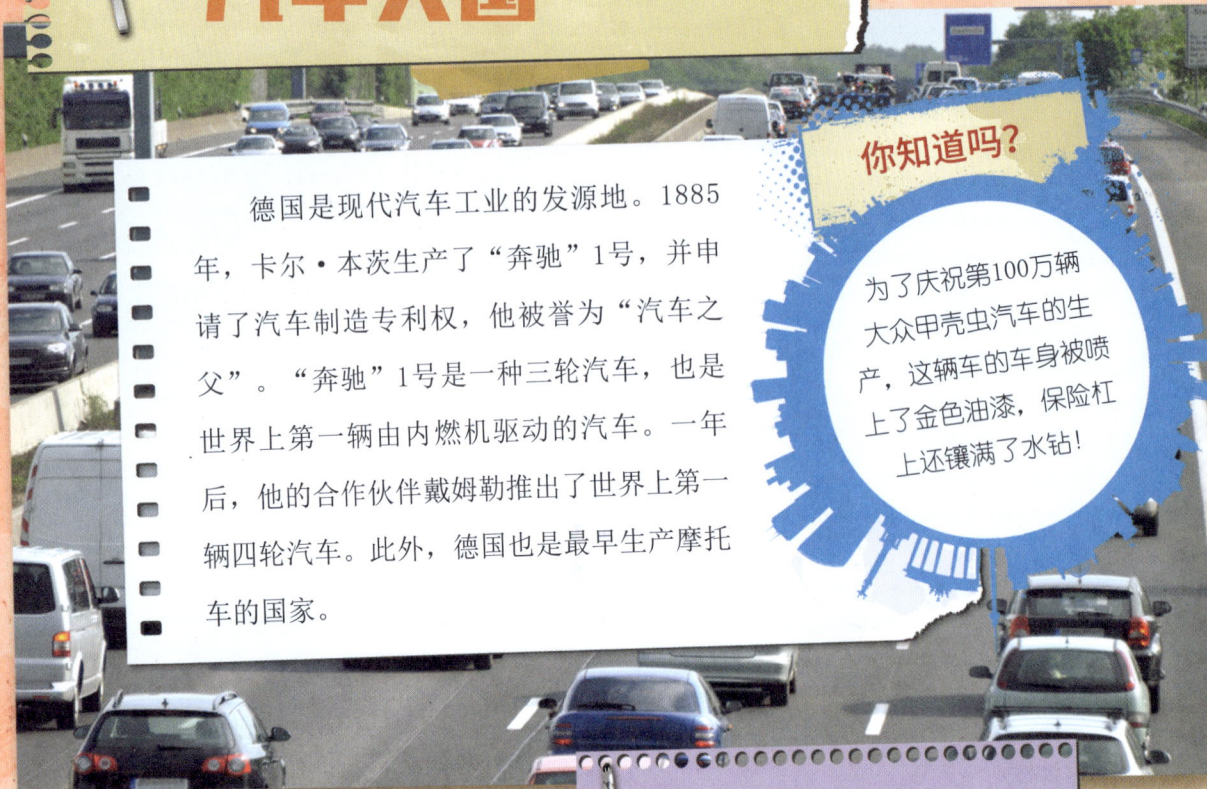

德国是现代汽车工业的发源地。1885年，卡尔·本茨生产了"奔驰"1号，并申请了汽车制造专利权，他被誉为"汽车之父"。"奔驰"1号是一种三轮汽车，也是世界上第一辆由内燃机驱动的汽车。一年后，他的合作伙伴戴姆勒推出了世界上第一辆四轮汽车。此外，德国也是最早生产摩托车的国家。

你知道吗？

为了庆祝第100万辆大众甲壳虫汽车的生产，这辆车的车身被喷上了金色油漆，保险杠上还镶满了水钻！

著名汽车品牌

德国工厂每年生产约590万辆汽车，比欧洲任何其他国家都要多。除此之外，还有约550万辆德国品牌的汽车在海外的加工厂被生产。德国最著名的汽车品牌包括奥迪、保时捷、奔驰和宝马等。

大众汽车是德国最大的一家汽车公司，总部位于沃尔夫斯堡城，每年都会有近200万游客前往参观那里的汽车博物馆。这座博物馆包括两座巨大的塔楼，消费者可以选择在这里提自己的新车。每座塔楼都能容纳400辆车，塔楼中的每辆车都由机器人自动停放，不到两分钟就能完成。

宝马公司位于慕尼黑，公司总部大楼就像一台四缸发动机。

德国是世界第四大汽车生产国，仅次于日本、美国和中国。

甲壳虫传奇

在德国出产的众多车型中，大众的甲壳虫汽车（见下图）曾是最受欢迎的。在20世纪30年代，大众汽车首次推出这款经济实用型的甲壳虫汽车，初期配置相当基础，但订单依然不断签订。到2003年停产为止，甲壳虫汽车一共创造了高达2 150万辆的销售纪录。

高速公路

德国的公路总里程约有65万千米，这一数字是相当惊人的，几乎是英国的两倍！其中的1.3万千米是高速公路。1932年，德国修建了世界上第一条从波恩至科隆的高速公路。一开始，德国的高速公路并不限速，最快者是英国的高速公路最高限速的3.5倍。如今，德国已经对公共汽车实行了限速，不过其他车辆还是可以在路上飞驰！

赛车明星

赛车运动在德国风靡一时，每年都会举办大型的巡回汽车锦标赛，如德国房车大师赛。在世界一级方程式锦标赛（F1）中，德国赛车手的表现也很出色，塞巴斯蒂安·维特尔是史上最年轻的世界冠军；迈克尔·舒马赫则是最伟大的赛车手，曾夺得91次F1大奖赛分站冠军，7次获得世界冠军。

塞巴斯蒂安·维特尔登上F1大奖赛分站的领奖台多达70次，而此时他才27岁。

51

趣闻轶事

也许很多人对德国的固有印象是"古板"，但提起德国人的古怪之处也很有意思。比如，当德国人说现在是6点半的时候，实际上指的是5点半哦。水下橄榄球是德国人发明的，慕尼黑还在2002年举办了第一届极限熨烫世界锦标赛。在这个迷人的国度，你会发现许多不可思议的趣事！

奇特的婚恋习俗

在德国，不论是恋爱还是结婚，都会遇上一些奇特而浪漫的习俗。例如，科隆的情侣们会在霍亨索伦大桥的栏杆上挂上名为"爱情锁"的挂锁，而且，为了让爱情至死不渝，他们还会把开锁的钥匙扔进河里。

而在德国的一些农村地区，如果恋人们最终走进了婚姻殿堂，那么这对新婚夫妻可能会"遭遇"以下两大考验：一是准新娘会在婚礼过程中被"劫"走，准新郎必须找到她；另一个习俗被称为"闹婚之夜"，在婚前的晚宴上，宾客们通过竞相摔盘砸瓶的形式表达祝福，留下即将结婚的新人来收拾一地狼藉。

莱茵河上的霍亨索伦大桥，上面挂着成千上万把"爱情锁"。

另类的旅行体验

在德国众多旅游胜地之中，最富有特色的莫过于卡尔卡尔仙境主题公园。这座主题公园建在一座废弃的核电站原址之上，原来那座巨大的冷却塔外墙已被改造成攀岩墙，塔内还有一架独一无二的空中秋千。

对于冬季运动爱好者来说，位于博特罗普市的阿尔彬森特室内滑雪馆则更具有吸引力。这里拥有欧洲最长的室内雪道，全长640米。

假如你想在冬季享受夏日风情，那一定要去一趟热带岛屿度假村！在度假村巨大的穹顶大厅里，室温常年保持着宜人的26℃，室内泳池长达140米，如同海洋般广阔。度假村还打造了世界上最长的室内沙滩，约有200米长。

每年约有60万人参观卡尔卡尔仙境主题公园，并去体验一下室内秋千。

你知道吗？

德国还有一项奇特的新年习俗：在新年前夜，上百万德国人都会选择宅在家里，观看英国喜剧《一个人的晚餐》，这是一部制作于20世纪60年代的经典电影。

欢乐生活

喜欢不走寻常路的旅行者可以入住位于东贝沃恩的贝弗兰德乡村酒店，在啤酒桶里睡上一大觉，或者登上德国的最高峰——祖格峰，在那里的山顶雪屋过夜。如果是在10月份，人们还可以去斯图加特观看鸭子漂流大赛，7 000只亮黄色的橡胶鸭子浩浩荡荡地沿河而下，有趣极了！

艺术殿堂

德国对世界艺术与文化的发展做出了卓越的贡献。例如，柏林国际电影节是当今世界极具影响力、顶尖的国际电影节之一，所设奖项包括几大竞赛单元的金熊奖与银熊奖。

童话作家

德国人酷爱阅读文学作品，这个国度也诞生了许多不朽的文学大师，比如剧作家贝尔托·布莱希特，还有小说家君特·格拉斯，曾获得诺贝尔文学奖。

雅各布·格林和威廉·格林出生于莱茵河畔的哈瑙，他们都是语言学家，在德国各地搜集并记录传统民间故事，一共搜集了几十篇故事。这些故事最初发表于1812年，在接下来大半个世纪中，故事集曾多次修订再版，并增添新的篇目。《格林童话》中的许多故事举世闻名，比如《汉塞尔和格雷特》《小红帽》《白雪公主》和《莴苣姑娘》。

这尊由4只动物组成的青铜雕塑来自格林兄弟笔下的童话《不来梅镇的音乐家》。

在柏林的现代艺术展上，参观者正在
欣赏格哈德·里希特的画作。

绘画与雕塑

无论是中世纪的绘画艺术还是现代的
抽象派艺术，德国都当之无愧地占据一席
之地。出生于纽伦堡的阿尔布雷希特·丢
勒，以及小汉斯·荷尔拜因，都是历史上
著名的德国画家，深受意大利文艺复兴的
影响。到了20世纪，版画艺术家奥托·迪
克斯和抽象现实主义画家格哈德·里希特
也颇负盛名。里希特有超过540件画作的单
价都超过6万英镑，在2015年，他的其中一
件作品《抽象绘画》更是拍出了3 040万英
镑的天价！

经典乐曲

几个世纪以来，从贝多芬、巴赫到施
特劳斯、海顿以及瓦格纳，德国作曲家对
世界古典音乐的影响极为深远。德国约有
130个交响乐团和80个由国家资助的音乐
厅，还定期举办多场大型音乐节。在音乐
节上，人们不仅能接受古典乐曲的熏陶，
还能聆听卡尔海因兹·斯托克豪森等现代
作曲家创作的作品。

德累斯顿歌剧院的
内部极为富丽堂皇。

法国卢浮宫被誉为"世界四大博物馆之首"，以收藏丰富的古典绘画和雕刻而闻名于世。

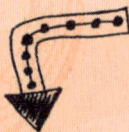

柏林博物馆岛拥有5座庙宇类建筑，呈现出6 000年人类历史的珍贵宝物。

1979年，联合国教科文组织将波兰的奥斯维辛集中营遗址列入世界文化遗产名录，以昭示法西斯的暴行，警示世界"要和平，不要战争"。

莱茵河谷是德国自然风光最美的地方，沿途有着许多古堡、历史小城、葡萄园。

57

发现波兰

欢迎来到波兰

欢迎来到波兰！这是一个历史悠久的欧洲国家，有许多有趣的自然景点和传奇故事。从地理特征来看，波兰拥有丰富的地貌景观，从黄沙漫天的荒漠、白雪皑皑的高山，到绵延不绝的森林与湖泊，到处都能领略到大自然的鬼斧神工；从文化传统来看，波兰人一直跻身于科学和艺术的前沿，创造了无数智慧瑰宝。所以，如果你想见识一下"歪歪楼"和"弯曲森林"，了解如何用鸭血制作一道可口的汤品，还想知道欧洲体重最重的野生动物生活在哪里，这次你就来对地方啦！

出发吧！

小档案

国土面积：32.26万平方千米

人口：3816.9万（截至2021年5月的统计数据）

首都：华沙

官方语言：波兰语

国旗：

邻国：捷克共和国、白俄罗斯、德国、乌克兰、斯洛伐克共和国、俄罗斯、立陶宛

货币：兹罗提

克拉科夫广场的布料大厅。

马尔博克城堡

这座城堡建于中世纪，是世界上最大的砖砌城堡。

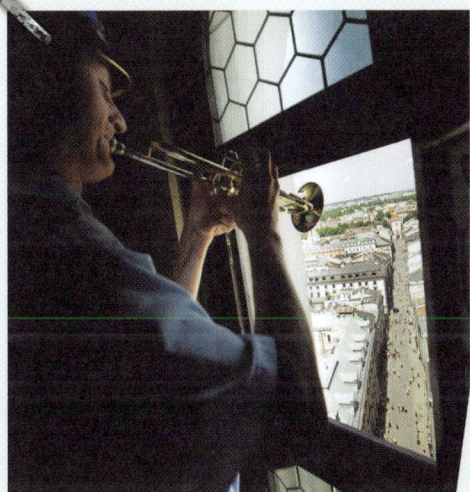

克拉科夫

在克拉科夫城内，每小时的准点都能听到号角声吹响。这是为了纪念这样一段历史：在13世纪，当鞑靼人入侵克拉科夫时，一名小号手吹起号角，向城里的人们发出警告。号声久久未息，直到小号手被侵略者的箭射中。

西姆巴克

自2007年以来，这座颠倒的房子成了小镇西姆巴克的新晋景点。与普通的房子相比，这座"颠倒屋"足足用了5倍的时间才建起来。如果想要进屋，游客得从"屋顶"的窗户爬进去，里面是一座博物馆，可以四处走走看看。

华沙：奇迹之城

很少有国家像波兰这样，在历史上拥有如此多的首都，包括普沃茨克、格涅兹诺、克拉科夫、波兹南、罗兹和卢布林在内的几大城市，都曾是波兰的首都。华沙是波兰现在的首都，也是波兰最大的城市，约有173万居民。在华沙周边的其他城市中，还生活着100万人口。

毁灭与重建

华沙流行着这样一句座右铭："不惧风暴"（Contemnit procellas），而这正是历史上华沙人民坚强不屈的精神写照。华沙的老城区始建于13世纪，多年来饱受侵略军的摧残，不得不进行多次重建。齐格蒙特三世的雕像矗立在老城区的城堡广场上，正是他在1611年将波兰首都迁移至华沙。

你知道吗？

美人鱼是华沙这座城市的城徽和象征，在华沙城的盾牌或墙壁上，经常会出现一条高举利剑战斗的美人鱼。从14世纪起，这一形象就开始在华沙流行起来，那时美人鱼的下半身还盘旋着龙尾的形状。

在第二次世界大战中，华沙几乎沦为废墟，整座城市经历了艰苦的重建，并修筑了大量公园等绿化区域。事实上，这里大约有1/4的土地都是绿化用地。

华沙坐落于维斯杜拉河畔，从这条河往城中心走，会途经一条颇受瞩目的步行道，现在被称为皇家大道。除了大型公园、林荫路，大道沿途还分布着众多地标性的历史文化建筑，比如曾经属于波兰王公贵族的官邸，还有国民议会和总统府——拉齐维乌宫。

华灯初上，华沙的皇家大道上游人如织。

时尚之都

文化科学宫的钟楼耸立在华沙城中。

如果你来到华沙旅游，就会充分感受到这个城市是多么活力四射。这里有很多时尚购物街区，比如救世主广场、鲍威尔区、市中心，等等，是购物、吃饭或者闲逛的绝佳场所。被冠以"文化科学宫"之名的大楼是华沙最高的楼，大楼一层分布着时髦的音乐厅和咖啡馆。

这栋楼高达230.6米，在2000年的时候，塔楼的四面安装了时钟，成为当时欧洲最高的钟楼。

地理风貌

波兰是欧洲第九大国家，国土面积比意大利和英国略大一些。波兰的地形以广袤的大平原为主，当地人主要从事耕种业和放牧业。不过，千万不要因为波兰多平原，就认为这里的地理风貌过于单调哦！事实上，波兰拥有许多令人叹为观止的景观，境内有23座美不胜收的国家公园，是旅游者的天堂。

你知道吗?

尽管白鹳的栖息地在世界各地都有分布，比如中国、摩洛哥等，但大约有1/4的白鹳都生活在波兰，总数超过6万只！

森林家园

波兰境内森林茂密，约有1/3的国土都覆盖着大片林木，其中一半多是针叶林，包括种类各异的松树。这些森林是狼、麋鹿和野猪等动物的家园。在享誉世界的阿洛维察原始森林里，生活着欧洲体重最大的野生动物——欧洲野牛，它们数量很少，大约只有800头。

一头欧洲公野牛可以长到1吨重。

高山与沙漠

波兰的最高点是雷塞峰，海拔2 499米。它位于塔特拉山脉深处，形成了波兰部分地区与其邻国斯洛伐克之间的天然国界。

尽管波兰地处北欧，但也有一片沙漠区域。那里被当地人称为波兰撒哈拉沙漠（右图），占地约12平方千米，部分区域的深度达7米。这个小型沙漠的成因很奇特，它深居内陆，四周都被茂盛的植被环绕着。

水道分布

维斯杜拉河蜿蜒流过克拉科夫城的中心区域。

波兰最长的河流是维斯杜拉河，又称维斯瓦河，蜿蜒流经波兰1 047千米，最终汇入波罗的海。维斯杜拉河也被称为波兰的母亲河，支流密布，运河众多，与境内的许多河流相通，比如著名的奥得河。

波兰拥有数量惊人的湖泊，约9 300个，其中2 000多个位于东北部的马苏里亚湖区。

大科学家

波兰科学家在众多领域做出了重大贡献，一共获得十几项诺贝尔奖。比如，亨利克·马格努斯基是最早的无线对讲机的发明者；塔德乌兹·克瓦维茨首次通过使用工具完成了囊内白内障摘除术；利奥·葛腾桑格发明了清理耳道的棉花棒；等等。如果你还想了解更多著名的波兰科学家，就继续看下去吧！

了不起的居里夫人

玛丽亚·斯克沃多夫斯卡出生于华沙，和她的丈夫皮埃尔·居里一起，在1898年发现了两种新的化学元素——镭和钋，后者的命名方式正是为了纪念她的祖国。她在放射性元素方面的研究成果，对x射线在医学中的应用至关重要。在第一次世界大战期间，居里夫人协助医务人员，为救护车配备了x射线设备，甚至把它们运进了战区。居里夫人是第一位在法国著名的索邦大学任教的女性，也是第一位获得两项诺贝尔奖的女性，包括1903年的诺贝尔物理学奖和1903年的诺贝尔化学奖。

在居里夫人的出生地——华沙，矗立着她的雕像。

波兰化学家在相关领域曾取得不少重大突破。出生于格但斯克的丹尼尔·华伦海特在1714年发明了第一支玻璃制的水银温度计，"华氏度"这一温度度量单位正是以他的名字命名的；另一位波兰化学家卡西米尔·冯克发现了氨基对身体的重要性，并将含有氨基的成分命名为维生素，他也是第一个分离出维生素B_3（烟酸）的人。

在华沙的克拉科夫科技大学，年轻一代的波兰科学家正在开展学习与研究活动。

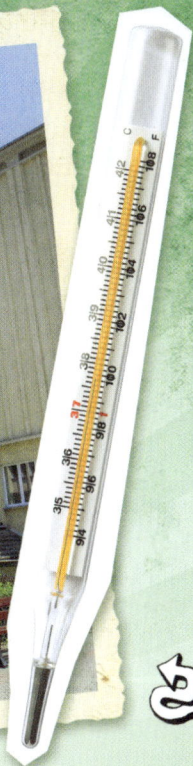

改变历史的天文学家

过去，人们认为地球是静止不动的，太阳、恒星和行星围绕着地球运行。来自波兰的尼古拉斯·哥白尼夜观星象之后，意识到这一说法是错误的。他提出，地球绕着自己的轴自转，24小时自转一周，同时，地球围绕着太阳运行。由此，哥白尼在科学界引发了一场革命。

一个世纪后，格但斯克市市长约翰内斯·赫维利乌斯建造了一座私人天文台，命名为"恒星堡"。借助许多出色的仪器，赫维利乌斯一共确认了4颗彗星，并成为第一个详细绘制出月球表面地图的人。

从下图的这座哥白尼铜像可以看到，他手里拿着浑天仪，这是一种天文观测仪器。

67

吃在波兰

在波兰传统菜肴中，你能发现很多熟悉的食材，比如土豆、大米、鸡肉、蘑菇、牛肉、奶酪，等等。不过波兰人会将各种食材混合起来，用别出心裁的方式来展现烹饪手艺。举两个例子吧，在波兰的夏天，有一道冷汤非常受欢迎，它是由甜菜头和酸奶做成的汤；波兰的披萨也很特别，饼皮上通常不加番茄酱，而是倒上一大罐特调酱汁。

美味的菜肴

波兰盛产小麦等谷类作物，所以，大多数波兰人日常会吃各式各样的面包。他们还用面粉制作其他颇受欢迎的食物，如大份的碱水面包、馄饨和波兰水饺。波兰水饺里的馅料很丰富，面团里塞满了调好味的肉沫、奶酪，等等。波兰人还喜欢吃包心菜卷（有点类似中国的春卷）、彩椒酿肉以及罂粟籽蛋糕卷等。

有的波兰水饺里会塞着水果馅和糖，饺子皮还浇上酸奶油。

包心菜卷

在波兰各地，你都能见识到各种千奇百怪的菜肴，比如用发酵的黑麦浆搭配香肠熬制的酸黑麦汤、用黄瓜和炸猪油熬制的热黄瓜汤等。如果这些菜肴还不能令你食指大动的话，那么就试试鸭血汤吧！这道菜的食材以鸭血为主，佐以醋、糖、鸡汤进行调味。此外，热腾腾的烩牛肚汤也是不容错过的波兰美食哦！

波兰人餐桌上的黄瓜汤

你知道吗？

位于波兰的弗罗茨瓦夫有一家叫作Piwnica Swidnicka的餐厅，据说它是在1275年开张营业的，是世界上屈指可数的古老餐厅。

波兰国菜

一大碗用料丰盛的毕高斯

波兰的国菜叫作"毕高斯"，这道菜类似东北乱炖。据说，在1385年，立陶宛大公瓦迪斯瓦夫·雅盖沃当上了波兰国王，与此同时，这道菜也随之从立陶宛传入波兰。这道炖菜的食材丰富多样，通常都包括酸菜、番茄、蘑菇，以及猪肉、牛肉、兔肉等肉块，还要加上辣椒、杜松子和西梅干调味。炖菜上桌之后，人们往往和黑麦面包或土豆泥搭配食用，在腾腾热气中饱餐一顿。

学习生活

波兰普及了义务教育制，孩子们通常从6岁开始上学，一直到18岁，不过有些学生会在16岁的时候离开学校，去参加工作实习。在波兰，学校里教授的科目范围非常广泛，除了学习波兰语，学生们还需要学习好几门外语。通常，英语是他们的第二外语，其次是德语和法语。

世界上第一个专门监管教育的行政机构诞生在波兰，波兰于1773年设立了教育部。1364年，波兰国王卡齐米日三世在克拉科夫创立了波兰的第一所大学——雅盖隆大学，这也是欧洲第六古老的大学。

在波兰的
小学课堂上

在波兰的学生之中流行着这样一种说法：如果在考试之前穿上红色内裤，对着手指吹气，就能在考试中获得好运！

雅盖隆大学每年有超过5万名学生入学。

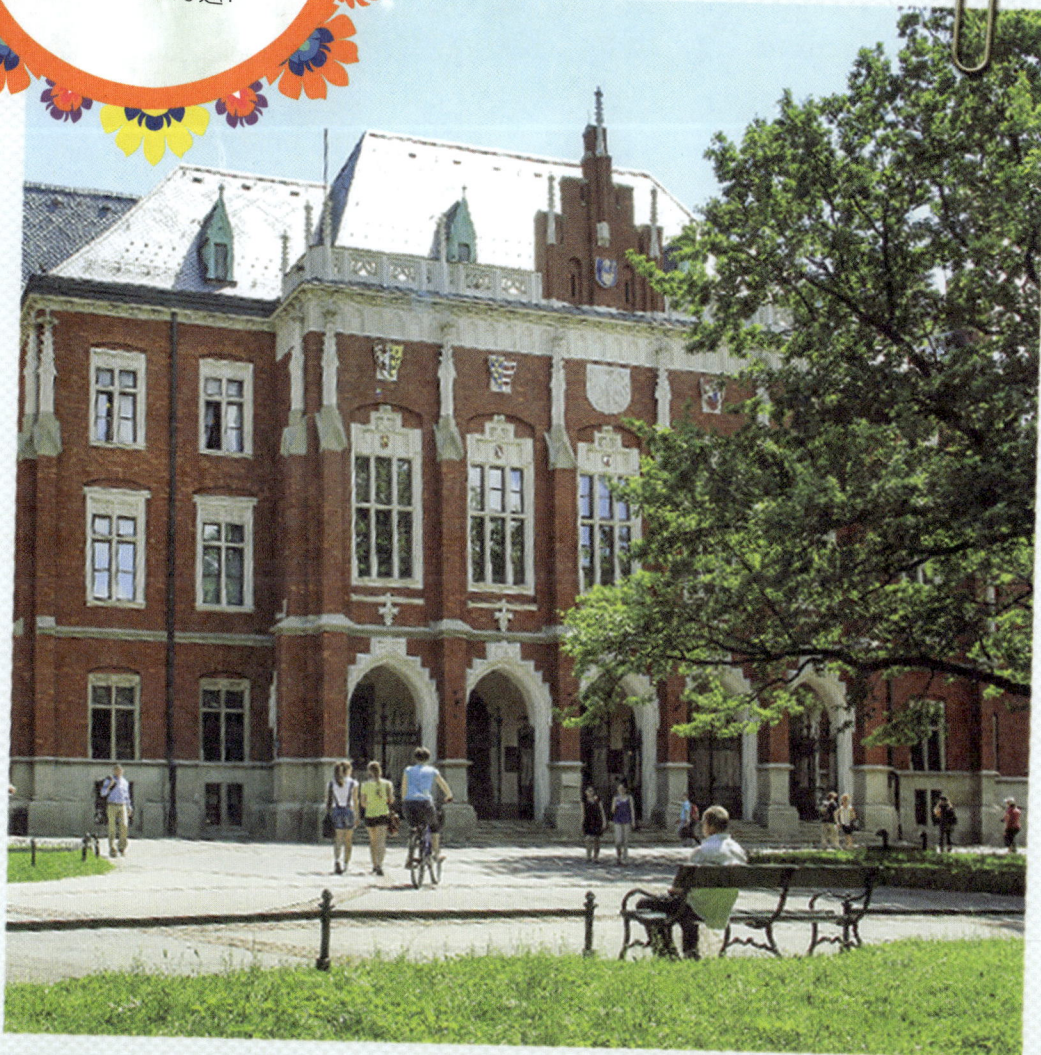

经济发展

　　历史上的波兰曾是农业大国，不过到了现在，全国大约只有1/8的人从事农业生产，小麦、大麦、黑麦、土豆和各种蔬菜是波兰的主要农作物。波兰的交通运输业、银行金融业和商店零售业等服务业很发达，为近2/3的劳动力提供了就业机会，此外，制造业在波兰经济中也占据重要地位。

海外务工

　　在波兰的部分地区失业率相对较高，而且，那些技术娴熟的工人在德国和英国等海外国家能拿到比国内高得多的薪水。自从2004年波兰加入欧盟之后，约有1/7的波兰劳动力前往国外工作，以年轻人为主。他们的工作有的是季节性的，比如帮助邻国收割庄稼等，还有的是长期性的。

采矿业和制造业

波兰的西南部蕴藏着大量的煤矿，以及硫、铜、锌和其他金属等矿藏。这些矿业资源为波兰的大型金属加工业和化学工业提供了原材料。波兰的公共汽车和电视制造业都非常发达，在欧洲销售的所有电视中，超过1/3的产量来自波兰。越来越多的外国公司选择在波兰投资办厂，比如亚马逊、丰田、谷歌、宜家等。其中，宜家在兹办斯内克开设了大型工厂，每年可生产200万张桌椅和沙发。

化工业是弗沃茨瓦韦克的主要产业之一。

在罗兹，煤炭是通过一种斗轮机进行运输的。

波兰的体育文化

波兰是许多体育明星的故乡，比如天才女子网球运动员阿格涅兹卡·拉德万斯卡、跳台滑雪名将亚当·马维什，还有曾经4次夺得奥运会金牌的竞走运动员罗伯特·科尔泽尼奥夫斯基。除此之外，不管是滑雪、拳击、田径，还是体操，都曾有波兰籍运动员夺得世界冠军。

足球轶事

足球是波兰最受欢迎的体育项目，有超过40万名的波兰人以踢足球为日常体育运动。波兰的顶级职业俱乐部包括华沙莱吉亚和克拉科夫维斯瓦，自1921年举办波兰足球甲级联赛以来，这两家俱乐部都曾10多次赢得冠军。如今，波兰的许多顶尖球员，比如守门员沃伊切赫·什琴斯尼和前锋罗伯特·莱万多夫斯基，都常年为外国的俱乐部效力，同时也在波兰国家队踢球。2012年，波兰与邻国乌克兰共同主办了第14届欧洲足球锦标赛。两年后，在华沙56 900多名球迷观赛下，波兰队首次击败了世界冠军德国队。

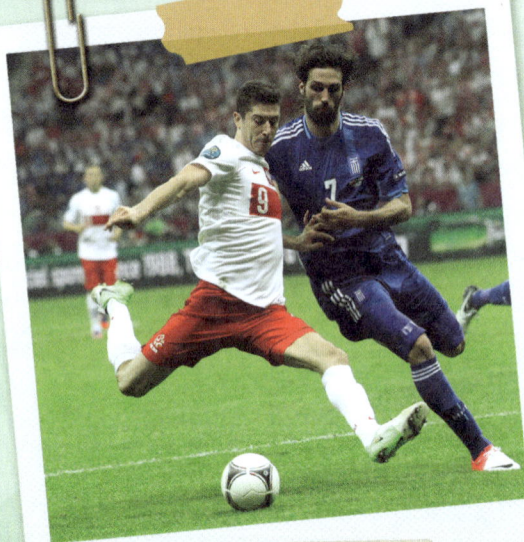

在2012年的欧洲足球锦标赛上，罗伯特·莱万多夫斯基在波兰对阵希腊的比赛中凌空一脚，球进了！

其他球类运动

除了足球，波兰人对各种球类运动都很感兴趣。他们经常打手球和篮球，由于篮球的娱乐性与观赏性都很强，所以颇具人气。波兰联赛（DBE）聚集了波兰顶级的职业篮球运动员，由16支队伍组成。此外，排球这项运动也非常受欢迎，2014年，世界男子排球锦标赛在波兰的七大城市举办，波兰在决赛中战胜巴西，夺得世界冠军。

波兰排球联赛是波兰职业排球运动员参加的顶级赛事。

赛车飞驰

赛车比赛在波兰是一项颇受关注的运动赛事，尤其是场地摩托车赛。赛车手将驾驶着动力充足但没有刹车的车子在环形赛道上飞驰。在波兰顶级摩托车联赛的比赛之夜，有1万多名观众汇聚于此，屏息观看激烈的赛车比赛。

在世界级的赛车比赛中，波兰赛车手屡获佳绩。从2006年到2014年，波兰人曾6次赢得世界杯方程式汽车大奖赛的冠军。波兰的首位一级方程式赛车手是罗伯特·库比卡，在他的职业赛车生涯中，曾从方程式赛转到拉力赛，其中包括著名的波兰汽车拉力赛。这一比赛最初于1923年正式举办，是世界上第二古老的拉力赛。

在波兹南的摩托车拉力赛上，来自波兰的明星车手亚当·斯科尼基和克日什托夫·贾布隆斯基正在疾驰。

格但斯克：历史名城

格但斯克是波兰最大的港口，这座城市的历史十分悠久，可以追溯到1 000多年前。作为一个繁荣的商业贸易中心，在17世纪50年代，格但斯克已经成为东欧最大的城市。在20世纪的近20年里（1920—1939年），它也是但泽自由市的中心。1939年9月，德军炮轰但泽，标志着第二次世界大战的正式爆发。

船舶与造船业

格但斯克是欧洲的重要港口之一，也是波兰的造船中心，位于莫特拉瓦河口，而这条河流最终汇入波罗的海。格但斯克也是波兰最大的港口，维斯杜拉河将它与首都华沙连在一起。2013年，格但斯克港有3 020多万吨的货物吞吐量，以煤炭和石油为主，还有100多万个标准集装箱，里面的货物从食品到洗衣机无所不包。

地标性建筑

　　格但斯克的老城区有着古朴而迷人的魅力。这里的街道并不宽敞，古色古香的建筑大多经过重建或者修复，外墙上刻有古雅而精细的浮雕和壁画，整座城宛如一件艺术品。这里还有颇具盛名的海神喷泉，它建于1549年，但在第二次世界大战期间，人们为了让它免遭战争的摧残，便将它拆卸下来并藏了起来。继续沿着海滨漫步，你可以看到格但斯克老城区的另一个地标性建筑——老起重机，它可以承载重达两吨的货物，是欧洲中世纪时期最大的起重机。

这台老起重机可以将重物吊到距离地面11米的高空中，始建于15世纪，已经运行了500年。

行在波兰

和所有欧洲人一样，波兰人日常的休闲活动非常丰富，比如看电视、阅读、上网、社交，等等。每当假期到来时，大多数波兰人会选择国内旅行，比如去北部海岸漫游，到马祖里湖区或塔特拉山饱览大自然的风光，或者去克拉科夫、华沙等历史名城游览。随着飞往波兰的特惠航班越来越多，数百万外国游客也纷纷选择去波兰度假，饱览迷人风光。

田园生活

波兰拥有风景宜人的田园风光，所以，许多波兰人在空闲的时候喜欢前往山区、湖边或野外，与大自然来一次亲密接触。划皮划艇、帆板运动、骑自行车和骑马等休闲活动都大受欢迎，还有不少人喜欢散散步、爬爬山。波兰的塔特拉山是滑雪等冬季运动的胜地，人们还可以在冰封的湖泊上进行露天滑冰。

在桌山，波兰的年轻人们正在进行为期3天的短途探险。

都市休闲

大约61%的波兰人生活在城市或者小镇上，享受着看电影、听音乐会、去剧院看戏等娱乐活动。大多数的波兰城市都配备完善的休闲中心和体育中心等公共设施，人们可以去那里进行游泳、田径、网球、篮球和足球等各种运动。当然，大部分波兰人都很顾家，喜欢和家人共度闲暇时间，所以，在咖啡馆喝咖啡、吃蛋糕，或者在城市公园散步也是他们常见的消遣方式。

位于华沙剧院广场的华沙大剧院。

沙滩生活

尽管波兰濒临寒冷的波罗的海，但每当盛夏来临，北部绵延700千米的海岸线以及沙滩也会吸引数以千计的波兰人。在7月和8月，海边的气温可能会上升至30摄氏度，游客可以尽情享受日光浴、游泳和水上运动（比如帆板运动）带来的乐趣。索波特是波兰颇具人气的海滨度假胜地，拥有欧洲最长的木栈桥，延伸至大海深处约512米。

乌塞多姆岛是一个分属德国和波兰的岛屿，右图是岛上的某个海滩。

你知道吗？

冬季的马祖里湖万里冰封，冰船在光滑的冰面上飞速滑行，要比平时在水上航行快得多，最高时速可达100千米。

艺术与音乐

在绘画、雕塑、音乐和文学等各个方面，波兰都拥有着悠久的艺术传统。波兰有许多著名导演，比如克日什托夫·基耶斯洛夫斯基和罗曼·波兰斯基，他们所执导的电影风靡全世界。波兰的艺术画廊也颇受游客们的欢迎，比如在弗罗茨瓦夫，展示着一幅《拉兹瓦维卡战役全景图》，这是波兰国宝级的巨幅战争画作，高15米，长114米，极为壮观。

在华沙瓦津基公园的一棵柳树下，矗立着肖邦的雕像。

赤子之心

弗里德里克·肖邦是波兰最伟大的音乐家。他于1810年出生在华沙附近的热亚佐瓦沃拉，8岁就正式登台演出，一生中创作了大量古典钢琴曲，这些作品至今仍在舞台上、在人们的心中回荡。肖邦英年早逝，他在巴黎去世，享年39岁。根据他的遗愿，尽管遗体不得不安葬在巴黎，但心脏被带回故乡波兰。

波兰文学

在波兰籍的作家和诗人之中，共有5位诺贝尔文学奖获得者，新近得奖的是来自克拉科夫的女诗人维斯瓦娃·辛波丝卡。在国外，最为声名远播的波兰作家莫过于约瑟夫·康拉德。在离开波兰前往英国之后，康拉德创作了《黑暗的心》《诺斯特罗莫》和《吉姆爷》，这些作品都被改编成了电影。《惨败》《其主之声》等作品的作者、科幻大师斯坦尼斯拉夫·莱姆同样是波兰人，他的作品也被拍成了电影，其中最著名的是《索拉里斯星》。

上图是为作家约瑟夫·康拉德修建的纪念碑，位于格丁尼亚；下图是印有康拉德肖像的波兰邮票。

民间舞蹈与现代音乐

波兰民间舞蹈起源于几个世纪以前，诸如克拉科维亚克舞和奥别列克舞，都属于颇具技巧性的快节奏舞蹈，其中包括跳跃、旋转和快步走等舞蹈动作。当舞蹈演员翩翩起舞的时候，乐师通常会用小提琴、曼陀林、木管、铃鼓或者一种叫作科齐奥的风笛来伴奏。

对于那些喜欢更为奔放张扬的现代音乐的乐迷来说，波兰的重金属摇滚乐也值得一听，Turbo、Desdemona、Hunter和Vade都是波兰老牌的摇滚乐队，Liroy、Marysia Starosta和O.S.T.R则是波兰著名的说唱歌手及乐团。

2014年，Dzem乐团正在乐迷的热情呐喊中卖力演出。

81

欢乐的节日

波兰几乎每个月都有节日，比如复活节和万圣节，人们会在这几天去墓园扫墓，祭奠逝者。还有一些节日颇能展现出波兰的艺术与文化魅力，比如波兹南爵士音乐节、克拉科夫国际短片电影节以及切申边界电影节等。

在库帕拉上空绽放的烟花。

篝火与花环

在一年之中最短的夜晚，通常是6月21日或22日，波兰人会庆祝一个古老的节日——维斯瓦河花环节，又叫作库帕拉之夜。这个节日与水和火息息相关，有些地方的人会燃起团团篝火，围绕着火堆唱歌跳舞，因为他们相信火能净化心灵，驱除厄运；还有一些地方，人们会将蜡烛或花环放在河面上，如果它们漂浮到了河对岸，就象征着自己能够收获真爱。

狂欢节

在布科维纳-塔钱斯卡的高地狂欢节上，游客们可以观赏到一种别具一格的滑雪比赛，参赛者由疾驰的马儿拖着，在雪地上飞速前进。复活节过后，克拉科夫会举办雷卡瓦节，人们欢聚在一起，观看装扮成中世纪战士的勇士战斗的表演，以此来纪念历史上克拉科夫的传奇人物——克拉库斯王子。

如果你对充斥着刀光剑影的海盗劫掠史感兴趣，就来波罗的海的海岸小镇沃林吧，每年的7月份，这里都会举办维京节。

在雷卡瓦节期间，人们装扮成中世纪的战士，在位于克拉科夫的克拉克山脚下行进。

音乐节

在波兰众多的音乐节中，你可以欣赏到几乎所有种类的音乐表演。例如，在每年5月的弗罗茨瓦夫，数以千计的吉他爱好者们拥向市集，演奏吉他之神吉米·亨德里克斯的名作 *Hey Joe*。2014年，参与演奏的吉他手达到7 273名。波兰最大的音乐节是伍德斯托克音乐艺术节，每年在奥得河畔的科斯琴市举行，是大型的免门票音乐节。

弗罗茨瓦夫的吉他手们将自己的乐器高举到空中——一起嗨起来！

不走寻常路

波兰是一个与众不同的国家。几乎没有其他地方像波兰那样饱经战火，自1600年以来，这个国家经历过40次以上的敌国入侵或自卫反击战。当然，也没有多少国家能举办世界淘金者锦标赛，这项赛事每年都会在波兰的黄金小镇——兹沃托雷亚举办。波兰还有一些令人叹为观止的景点，为这个国家增添了别样的吸引力。

盐矿古迹

800多年前，距离克拉科夫10千米左右的维利奇卡盐矿就已经投入使用，漫长的挖掘史形成了超过300千米的地下矿山隧道，最深处达到地下300多米。盐矿内包括洞穴、地下湖、数十座雕像和大型的地下建筑，这些都是用岩盐建造的，简直堪称奇观。如今，这里已经成为著名的历史古迹，每年有超过100万的游客慕名前来参观，许多人会在位于地下125米深的邮局寄出一张明信片。

你知道吗？

在第二次世界大战期间，波兰士兵收养了一只叙利亚棕熊，并给它取了个名字叫作佛伊泰克。士兵们教它敬礼，授予它二等兵的军衔，甚至还带它参加了对抗意大利的战役，负责搬运弹药补给。佛伊泰克在二战中幸存下来，战后一直生活在爱丁堡动物园，直到1963年去世。

歪歪楼弯曲的窗户和墙壁。

这片弯曲的森林堪称"未解之谜"。

歪歪楼和弯曲森林

2004年，索波特市建造了一幢令人瞠目结舌的楼房，名叫"歪歪楼"（Krzywy Domek，在波兰语中是"弧形房屋"的意思）——整幢楼看起来是弯曲的！歪歪楼是瑞德购物中心的一部分，小楼设计者是从波兰的童话插图中得到这一疯狂的灵感的。

你还想要见识更多弯曲的东西吗？那就来波兰西部的格雷菲诺镇吧，那里有一片被称为"弯曲森林"的奇特林地。森林里约有400棵松树，树干均呈90°弯曲，而且，几乎所有的树木弯曲的方向都指向北边。

发现丹麦

欢迎来到丹麦

欢迎来到丹麦！相信我，这一章会带你开启一段愉快的旅程！丹麦是一个美丽的北欧小国家，国土面积仅仅是英国的1/6，但相当迷人。丹麦是骁勇好战的维京人的家乡，在历史上曾开创了漫长而残酷的海盗时代。但自那以后，丹麦始终宣扬与贯彻和平的理念，在艺术、科学与文学等各大领域都做出了卓越的贡献。想了解更多关于这个国家的故事吗？比如世界上最古老的游乐园是什么样的？一名记者又是如何碰巧成为奥运会金牌得主的？那就请继续读下去吧！

出发吧！

小档案

国土面积：43 096平方千米
（不包括格陵兰和法罗群岛）

人口：591.1万（截至2022年10月的统计数据）

首都：哥本哈根

国旗：

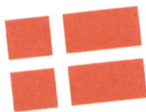

邻国：德国

货币：丹麦克朗

官方语言：丹麦语

哥本哈根的福雷斯特塔。

这个彩虹全景装置是奥胡斯艺术博物馆的标志性建筑，透过彩虹窗，可以饱览整个在七彩虹光映射下的奥胡斯市美景。

站在位于丹麦最北端的斯卡恩的沙洲上，你能看到海浪从两个不同的海域同时涌来——西面是北海，东面则是波罗的海。

丹麦有一家世界上最小的酒店，你要非常细心才能发现它，因为这家酒店只有一间客房，位于哥本哈根腓特烈堡一家咖啡馆楼上。

低地与岛屿

在任何一张欧洲地图上，你都能很容易地找到丹麦——它位于欧洲大陆北部突出的一角，只有南部与德国接壤，两国边界约68千米，附近的瑞典和挪威两个国家则与丹麦隔海相望。从瑞典到丹麦的往返交通非常便利，只要穿过连接两国的7.84千米长的厄勒海峡大桥和一条4千米长的隧道即可。

丹麦是300多种鸟类的家园。

世界上的低海拔国家

丹麦属于低海拔且地势平坦的国家。它的最高点莫尔勒霍基的海拔只有170.8米，对任何登山者都构不成挑战。丹麦的平均海拔仅为31米，而英国是152米，德国是263米，西班牙是660米。丹麦的地貌主要是起伏平缓的平原，也分布着许多潟湖（因海湾被沙洲所封闭而演变成的浅水湖）和峡谷，它们是由冰河时代的冰川侵蚀而成的。丹麦的鸟类数量丰富，其他在这里繁衍的还有兔子、刺猬和丹麦最大的野生动物——赤鹿等哺乳动物。

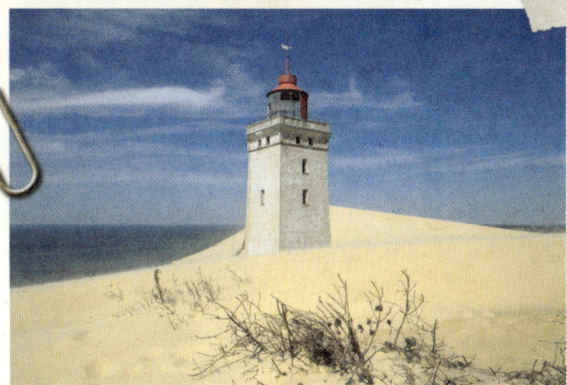

你知道吗？

艾里欧里王国曾是丹麦的一个小岛，1944年，一群丹麦的教师买下这个小岛，并宣布其为独立国家。它制定的法律听起来有点奇怪，比如当地时区比丹麦晚12分钟，《鲁滨孙漂流记》属于禁书等。

海边的国度

在丹麦，无论你身处何地，到大海的距离从来不会超过67千米。尽管丹麦国土面积不大，但海岸线却很长，约7 300千米，其中包括数百千米未受破坏的原始海滩。在丹麦北部的北日德兰大区，有着欧洲最大的流动沙丘——拉比格迈尔沙丘，那里有约400万立方米的沙子随风迁移，每年向东北方向移动18米。

岛屿众多

丹麦的领土包括400多个岛屿，其中只有不到1/5是有人居住的。最大的岛屿是西兰岛，那里有一座巨人的悬索桥，长达1.6千米，将它与邻近的菲英岛相连。丹麦最北端的卡菲克卢本岛上生长着紫色虎耳草，是世界上最北端的花。

厄勒海峡大桥包括4条行车道和两条铁路线。

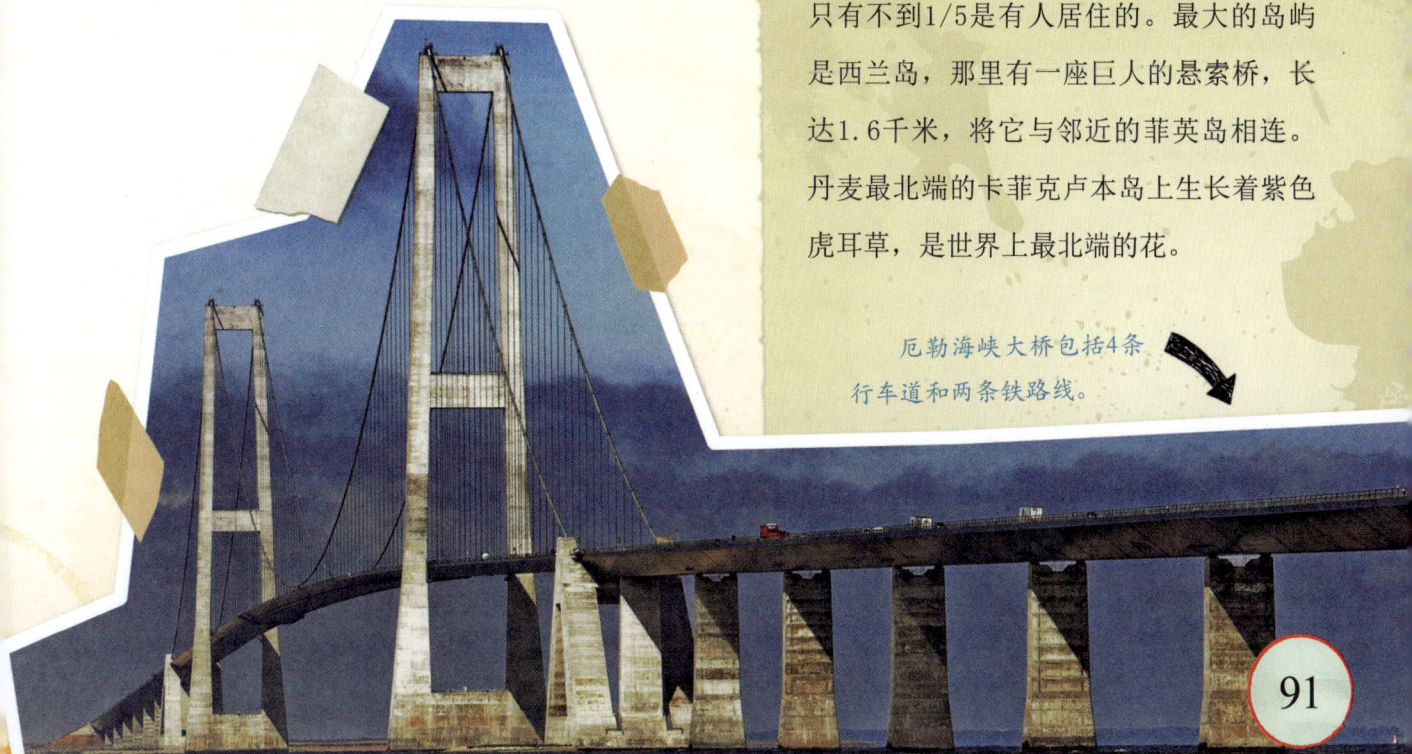

国王、维京人与城堡

丹麦曾被别的民族占领了数千年，在5世纪左右，丹麦族迁入日德兰半岛，并用族名将当地命名为"丹麦"。从9世纪开始，丹麦的维京人利用他们强大的航海和战斗技能，进攻欧洲的沿海国家及地区，揭开了北欧海盗时代的序幕。

维京时代

其实，大多数维京人都是热爱和平、安居乐业的农人，但也有一些维京人专门从事远洋贸易或海盗劫掠活动。前者通常乘坐船身宽大的货船，后者则驾驶船身浅而狭窄的木质长船。在丹麦罗斯基尔德市附近的一个峡湾中，发现了5艘维京长船的残骸，如今已经成为当地博物馆的重要展品。

最初，维京人对英国和欧洲其他沿海地区的村庄进行突袭。随着时间的推移，他们开始入侵并定居在英格兰的部分地区，这些定居点被称为丹麦区。在维京海盗的全盛期，丹麦区从东安格利亚一直延伸到坎布里亚郡，贯穿了整片英格兰地区。

在罗斯基尔德市的维京船博物馆展出的一艘11世纪的船。

你知道吗？

丹麦国王克里斯蒂安七世（1749—1808年）患有精神疾病，当来访的使节向他鞠躬时，他常常会从他们背上跳过去。在国王还小的时候，就曾在哥本哈根的街道上游荡，拿着狼牙棒打人。

丹麦国旗在赫尔辛格的克伦堡宫上空飘扬。

胜利的旗帜

在丹麦国王瓦尔德玛二世（1170—1241年）的统治下，丹麦的领土扩展到了北欧，占领了德国北部和爱沙尼亚。据说，在1219年，当丹麦军队在爱沙尼亚赢得林德尼西战役之后，一面旗帜突然从天而降。从此，这面旗就成为丹麦的国旗，这也是世界上古老的国旗之一。

皇家城堡

在1574年到1585年间，丹麦国王弗雷德里克二世将赫尔辛格的克伦堡改造成了一座壮观的宫殿，英国著名剧作家威廉·莎士比亚正是以这座城堡为灵感来源，构思出戏剧《哈姆雷特》中的艾辛诺尔城堡。弗雷德里克二世的儿子克里斯蒂安四世建造了洛森堡宫，如今这座皇宫用来收藏丹麦皇家的珠宝，包括皇冠和镶有钻石、黄金和珍珠的马鞍等各种装饰品。

领土变迁

几个世纪以来，丹麦战火频仍，多次与瑞典等邻国结盟或作战。从1397年起，瑞典、丹麦和挪威组成了卡尔马联盟，以哥本哈根为首都。1536年，挪威被并入丹麦，直到1814年拿破仑战争失败后，战败国丹麦才不得不将挪威交给瑞典。当时，冰岛成了丹麦的附属国，在被殖民130年后宣布独立，成为共和国。

丹麦皇家护卫队正在洛森堡宫外行进。

丹麦王室

丹麦王室的统治时间很长，其祖先可以追溯到公元前958年去世的开国君主——高姆老国王，以及建立了统一的丹麦王国的哈拉尔蓝牙王。后者距今大约有1 000年之久，由此可见，这的确是一段悠久的历史！

你知道吗？

玛格丽特女王的小名叫作Daisy（即"雏菊"的意思），巧合的是，丹麦的国花也是雏菊。

玛格丽特二世和亨里克亲王在登基40周年庆典上向民众挥手致意。

伟大的女王

2012年，丹麦女王玛格丽特二世举办了登基40周年的庆典活动。她是继玛格丽特一世（逝世于1412年）以后丹麦的第一位女性统治者。玛格丽特二世和她的丈夫亨里克亲王都非常受丹麦民众爱戴。女王会说5种语言，是一位多才多艺的艺术家，曾用"英格希尔德·格拉斯默"的笔名展示自己的艺术天赋。她为丹麦版的《魔戒》小说创作了插图，还给《野天鹅》等著名电影设计过服装。

宫殿与派对

哥本哈根的阿马林堡宫是丹麦王室传统的冬宫，坐落在伊斯鲁姆湖畔的菲登斯堡宫则是春秋两季的行宫。王室成员们经常公开露面，举办派对和晚宴。通常在新年前夜，玛格丽特女王会向丹麦全体民众发表新年贺词。有时，王室成员们还会乘坐皇家丹内布鲁格游艇，开启家庭巡游。这艘游艇是以丹麦国旗的名称命名的，自1931年首次出航以来，它已经行驶了650 000千米。

长达78米的皇家丹内布鲁格游艇停靠在沃尔丁堡。

丹麦政府

在丹麦，尽管玛格丽特二世是国家元首，但国家的日常事务通常由首相、政府部长和丹麦议会负责管理。在丹麦议会所在地——克里斯蒂安堡宫，共有179名民选议员。丹麦人对政治非常感兴趣。在丹麦，2011年的议会选举中，约有87.7%的丹麦人参加了投票，而2015年英国大会的投票率仅为66.1%。当年，社会民主党主席赫勒·托宁·施密特被选举为丹麦有史以来的第一位女首相。

克里斯蒂安堡宫是丹麦议会和最高法院的所在地。

95

多姿多彩的哥本哈根

哥本哈根是丹麦的首都，也是丹麦最大的城市，有200多万人居住在这座城市及其周边区域。然而，在9个多世纪前，这里不过是个小小的渔村。1167年，人们在这里修筑了防御要塞，小渔村被命名为"哥本哈根"，在丹麦语中是"商人的港口"的意思。

历史沉浮

几个世纪以来，哥本哈根因其富饶的资产和作为波罗的海港口的优越位置，引来了众多侵略者，包括14世纪的德国骑士、瑞典国王查尔斯十世的军队和1801年英国纳尔逊勋爵统率的海军。

在18世纪，这座城市更是命途多舛，历经浩劫。1711年，一场瘟疫席卷了哥本哈根市繁华的街道，导致约1/3的人口染病而亡。随后又发生了两起大火，第一起发生在1725年的一家蜡烛店，第二起则发生在1795年，当时，因为消防员找不到消防站的钥匙，无法及时灭火，最终酿成了哥本哈根历史上最惨重的火灾。

在这张哥本哈根的鸟瞰图上，最先跃入眼帘的是红瓦屋顶和运河。

96

最友好的城市

哥本哈根每年约吸引400万游客前来观光，风景优美的尼哈文区是哥本哈根著名的旅游景点，这里是该市的滨海区，依傍着由17世纪的瑞典战俘开凿的新港运河而建，运河两岸坐落着色彩丰富的房屋和鳞次栉比的咖啡馆，河里停泊着迷人的木船，充满浓郁的哥本哈根风情。另一个旅游胜地是斯托罗里耶购物街，这条街长达1.7千米，街道两旁是不计其数的商店和咖啡馆。

在尼哈文风景如画的河岸边，停泊着许多历史悠久的木船。

你知道吗？

在哥本哈根，有一个叫作克里斯钦的自由城。这一区域内没有汽车，生活着大约900位居民，实行自治管理。

地标性建筑

国王新广场是哥本哈根最大的露天广场，广场旁边就是皇家剧院。当年，嘉士伯啤酒厂创始人的儿子对1909年的一场由安徒生童话《海的女儿》改编的芭蕾舞剧《小美人鱼》印象深刻，因此他邀请雕塑家爱德华·艾瑞克森创作一尊雕像，并由芭蕾舞演员艾伦·普莱丝作为模特，最终的雕塑成品就是小美人鱼雕像。现在，"小美人鱼"就静静地安坐在哥本哈根朗格宁海湾的海滨公园内。

你可以在哥本哈根机场看到这尊1.4米高的"小美人鱼"雕像的复制品。

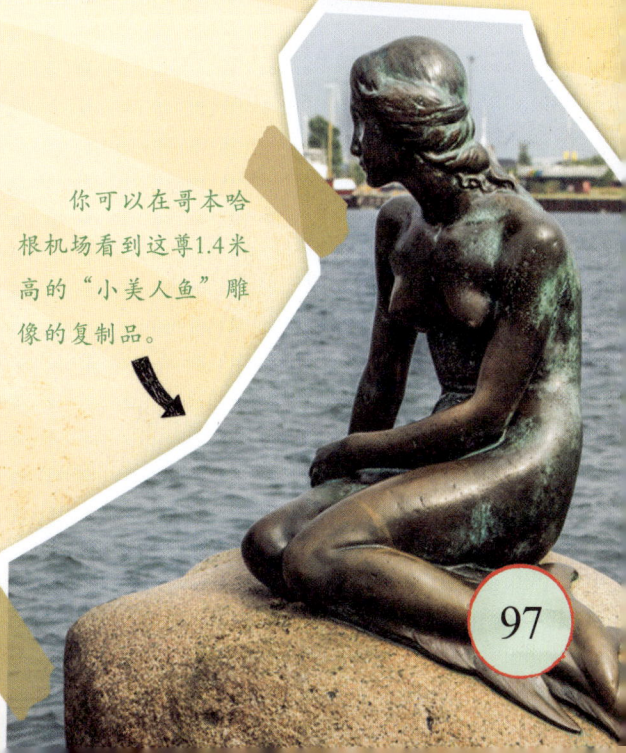

吃在丹麦

其实，丹麦最有名的食物——糕点，并不是本土特产，它最初是由奥地利的维也纳大厨烘焙制作的。尽管如此，丹麦人依然将这种香甜松软的面包视为他们的最爱，并称其为"维也纳面包"。

丹麦制定了严格的食品安全法，比如禁止销售马麦酱、一些早餐麦片和其他额外添加维生素的食物。不过别担心，在丹麦还有许多可口佳肴，所以到那儿去你绝对不会饿肚子的！

用黑麦面包制成的开放式三明治。

在丹麦，如果你看到一家店的门口高悬着金色的碱水面包挂饰，就代表这里是面包店。

烘焙美食

丹麦的面包店忙得不得了，因为大多数丹麦人都喜欢在早餐时间吃黑麦面包，午餐则通常是传统的丹麦开放式三明治，这种三明治也由黑麦面包制成，上面覆盖着冷餐肉、奶酪和面包酱，等等。常见的配菜还包括卤制的鲱鱼、熏鳗鱼炒鸡蛋、红卷心菜炒猪肉以及李子酱等。为了满足人们对糕点、饼干和蛋糕的高需求，丹麦的烘焙品种非常丰富，比如杏仁环形蛋糕塔和用苹果酱加上面包屑制成的苹果蛋糕等，都是颇受欢迎的特色糕点。

最爱的食物

和所有国家一样，丹麦的某些菜式在外国人看来很奇怪，但当地人却觉得习以为常，比如一道将牛心填上熏肉并拌上奶油的菜，还有烤羊头。丹麦人喜欢浓郁的咸甘草味，所以他们爱吃甘草味的蛋糕、冰激凌和糖果。自从1921年第一家热狗摊在哥本哈根开张以后，丹麦人就成了街头热狗摊的忠实拥趸。

丹麦人真的特别喜欢吃热狗——每年，街头小吃摊上都会售出约300万份热狗！

你知道吗？

丹麦人莱夫·索恩于1968年开始收集瓶装啤酒，现在他的啤酒藏品都在哥本哈根的嘉士伯啤酒博物馆展出，在馆里能看到22 000多种不同类型的啤酒。

上图是建于1901年的大象门，是哥本哈根嘉士伯啤酒厂的入口。

啤酒之都

丹麦的啤酒酿造业已经有4 000多年的历史，光是2013年就酿造了超过8.5亿升的啤酒，对于丹麦这样一个小国来说，产量是相当惊人的。丹麦啤酒以出口贸易为主，大部分啤酒都由嘉士伯啤酒厂生产。作为一家啤酒酿造业巨头，嘉士伯啤酒厂能生产500多种不同类型的啤酒。

丹麦国土

丹麦本土的面积较小，但如果加上格陵兰岛和法罗群岛，它将成为世界上国土面积排名第12的大国。这两个地区在许多事务上都享有自治权，不过它们一直依赖丹麦的经济援助，当地居民属于丹麦公民，通行的货币也是丹麦发行的克朗。

你知道吗？

法罗群岛上只有3个交通灯，都在托尔斯港——这是法罗群岛上最大的城市。

图中是位于北极圈以北350千米的小镇伊卢利萨特，海湾中正漂浮着冰山。

世界上最大的岛屿

格陵兰岛的面积达2 166 086平方千米，是世界上最大的岛屿，比英国大9倍，比丹麦本土大50倍左右。岛上大约4/5的土地被冰盖覆盖，漫长而曲折的海岛线长达5 800千米，拥有许多峡湾和小岛，都是在冰川作用下形成的。格陵兰岛的伊卢利萨特冰湾是南极洲以外最大的冰川。在一年中的大部分时间里，格陵兰岛的温度都在0℃以下，不过从5月下旬至7月下旬的夏季，在岛屿中部及北部会出现极昼现象，让格陵兰岛成为"日不落"岛。

格陵兰人

格陵兰人是因纽特人、丹麦人和挪威人等多民族的后裔。该岛约有57 000名居民，几乎全部居住在沿海地区的小镇上。岛上只有5个城镇，包括首府努克、伊卢利萨特和卡科尔托克等，加起来的常住人口有3 000多人。格陵兰岛上的主要交通工具是轮船、飞机以及狗拉的雪橇。岛上的农业规模较小，主要是种植根茎类蔬菜，畜牧业以饲养绵羊、山羊和驯鹿为主。北冰洋盛产虾、鳕鱼和鲑鱼，所以渔业和海产品加工业是格陵兰岛的经济支柱。

当地人从塔西拉克附近的一个冰湾里捕到了一条鱼。

法罗群岛

法罗群岛位于挪威、冰岛、苏格兰之间的北大西洋海域，是由18个岛屿组成的岛群，岛屿之间被深深的峡湾隔开。岛上常年多风，由于受到火山活动的影响，这里悬崖陡峭、土壤贫瘠，树木也很稀疏。不过法罗群岛的草场茂密，为以绵羊为主的牧畜提供了丰富的饲料，沿海地区还是大量海鸟的家园。在法罗群岛上，大约居住着4.9万居民，其中绝大多数人以捕鱼为生，极少数从事旅游业和计算机业。

这座奇特的法罗维京人雕像矗立在戈塔镇上。

体育大国

丹麦是一个人口小国，仅有英国人口的12%，但在国际体育赛事上却表现不俗。丹麦的冠军运动员包括高尔夫球手托马斯·比约恩、拳击手米克尔·凯斯勒、9次夺得勒芒24小时耐力赛冠军的车手汤姆·克里斯腾森、网球明星卡洛琳·沃兹尼亚奇，以及在奥运会羽毛球比赛中获得金牌的选手波尔-埃里克·赫耶尔·拉尔森。

2014年和2015年，克里斯蒂安·埃里克森两度被选为丹麦足球先生。

足球明星

足球是丹麦最受欢迎的运动。在丹麦，共有31.3万多名注册球员和数千家足球俱乐部。排名前12位的俱乐部将在丹麦足球超级联赛中一争高下，其中包括布隆德比IF、奥尔堡、FC哥本哈根和2013—2014年赛季冠军FC洛斯查兰特等足球俱乐部。丹麦最好的一些足球运动员都曾在外国俱乐部中拥有上佳的表现，比如劳德鲁普兄弟——米歇尔·劳德鲁普和布莱恩·劳德鲁普、最佳门将彼得·舒梅切尔和热刺球星克里斯蒂安·埃里克森。在1992年欧洲足球锦标赛上，丹麦队在最后时刻替补南斯拉夫队，获得决赛资格，并最终赢得了比赛，缔造了世界足坛的"丹麦神话"。

你知道吗？

埃德加·艾比原本是参与报道1900年巴黎奥运会的丹麦记者，由于当时丹麦-瑞典联队的拔河队缺少一名选手，因此他们将埃德加拉拢了进来，并在决赛中一举击败法国队。就这样，埃德加成了有史以来最不可思议的奥运金牌得主！

水上运动

丹麦海岸线绵长，所以丹麦人大多喜欢水上运动，尤其是帆船和赛艇。这两项运动也是丹麦参加夏季奥运会的主要项目，到2015年为止，奥运会共颁发了179枚水上运动的奖牌，丹麦赢得了其中的50枚，包括19枚金牌。丹麦帆船运动员处于世界一流水平，2014年，丹麦首次取得帆船世锦赛的举办权。

在奥胡斯举办的丹麦帆船公开赛。

手球和自行车

手球也是丹麦一项颇受欢迎的运动，有超过14万名注册球员。丹麦的国家男子手球队和女子手球队都曾赢得欧锦赛的冠军。此外，女队还曾是世锦赛冠军和奥运会冠军。

在自行车项目中，丹麦也收获了23枚奥运奖牌，比亚内·里斯还在环法自行车赛上拔得头筹。当然，除了参加比赛，骑自行车同样是丹麦流行的一种休闲运动，哥本哈根约一半的市民选择每天骑自行车上班。

2011年，世界公路自行车锦标赛在丹麦举行。

103

贸易与能源

1973年，丹麦与英国同时加入欧盟。如今，丹麦最大的贸易伙伴都是欧盟成员国，包括德国、英国和瑞典，美国则是其在欧洲大陆以外最大的贸易伙伴。在丹麦，从事农业的人口极少，只有约1%，还有不到25%的人从事工业，其余大多数人都从事服务行业。

丹麦制造

丹麦沿海地区有丰富的石油和天然气资源，一部分为化工业和制药工业的原材料。丹麦大量出口肉类、鱼类、奶酪和毛皮，以及服装、电器、机械和家具等产品。许多国际知名的品牌都源自丹麦，比如主营珠宝首饰的潘多拉、鞋履品牌爱步和电器品牌B&O。

上图是欧洲最长的步行购物街——哥本哈根步行街，那里的商品应有尽有。

维斯塔斯V164是世界上最大的风力涡轮机，它配备了三个长达164米的叶片，重达1 300吨。一台V164在24小时内产生的电力，足以为13 500户丹麦家庭供电。

风力奇观

在丹麦，风能的发电量超过世界上任何其他国家。在20世纪70年代，丹麦人就率先开始使用风力涡轮机，到2014年，风力发电占所有电力的39%，丹麦政府曾计划将这一比例提高到50%。丹麦对风力的需求同时也推动了大型风力涡轮机制造业的发展，像维斯塔斯就是世界领先的涡轮机制造公司。要知道，全世界3/4以上的海上风力涡轮机，都是由丹麦公司安装的！

丹麦最大的海上风电场包含111座风力涡轮机。

繁忙的航运

丹麦可供货轮和客轮停靠的港口数量众多，其中最大的港口是哥本哈根港，能够同时停靠4万辆汽车。在2014年，哥本哈根港的货物和原材料的吞吐量达到2 000多万吨之多。此外，该港口还为大型游轮提供服务，每年有75万名乘客从这里踏上哥本哈根的土地。世界上最大的集装箱航运公司——马士基航运公司也在丹麦，公司一共运营600多艘船只，其中包括巨大的3E级集装箱船，该系列的货轮均长达400米——相当于4个足球场的长度！

一艘巨大的集装箱船停泊在哥本哈根港的码头上。

丹麦式设计

丹麦人对于设计非常重视，他们的理念是：杰出的设计作品会深刻地影响日常生活。丹麦有许多知名设计师，如芬·居尔、奥莱·詹森和汉斯·瓦格纳等，他们以质朴、简洁且具有匠心独运的线条的家居设计风格而蜚声世界。由丹麦人设计的产品，尤其是家具，占据了丹麦对其他国家出口总量的近10%。

建筑成就

世界上的许多经典建筑都出自丹麦人的手笔，比如澳大利亚的悉尼歌剧院——这座最具标志性的建筑之一，正是由丹麦人约恩·伍重设计的，他还设计了一些风格独特的住宅区。哥本哈根的另一个地标性建筑是美轮美奂的国家歌剧院，由丹麦建筑师汉宁·拉森设计。

下图的这座建筑由约恩·伍重的儿子，同样也是丹麦建筑师的金·伍重设计。

哥本哈根的国家歌剧院共有14层，可容纳1703名观众。

当建筑设计师阿诺·雅各布森被委任为哥本哈根的一家新酒店，即斯堪的纳维亚航空皇家酒店（SAS）的建筑师时，他包揽了整个酒店的所有设计，从大楼立面到所有家具，甚至还设计了刀叉！

阿诺·雅各布森也是丹麦人，以设计建筑和家具而闻名于世。

户外艺术

在丹麦，最引人注目的大型雕塑艺术品就是"男人观海"，它由白色混凝土制成的4个9米高的男人形象构成。另一个有趣的艺术品是奥尔堡的"爱乐之树"。作为一项传统，来奥尔堡游玩的音乐家们会在这里的音乐公园种树，比如史提夫·汪达、接招合唱团和维也纳爱乐乐团，等等。现在公园里有70多棵树，每棵树都安装了感应装置，按下按钮时，就会自动播放这棵树的主人的音乐作品。

"男人观海"雕像坐落在埃斯堡的塞丁海滩上。

107

休闲娱乐

丹麦的发明家们给全世界的孩子们都带来了欢乐。例如，康攀是世界知名的儿童游乐设施制造商之一，总部就设在丹麦。当时，年轻的丹麦雕塑艺术家汤姆·林德哈特·威尔斯看到孩子们把雕塑品当成游乐天地，便萌生了创办游乐设施公司的想法。接下来，让我们一起来继续看看在丹麦还有什么好玩的吧！

乐高之家

奥莱·柯克·克里斯蒂安森是一名来自比隆的木匠，起初他只是给自己的儿子们做木质玩具，后来开始对外出售。1934年，奥莱正式成立了乐高公司（LEGO，Leg Godt的简称，在丹麦语中是"玩得开心"的意思），到了20世纪50年代，乐高公司以塑料代替木材，推出自由组装的积木，掀起了一股"乐高潮"。如今，乐高已经是风靡全球的玩具品牌之一，在比隆的工厂每年生产约190亿块积木及其他玩具。1968年，比隆又开设了第一个乐高主题公园，里面有用5 000多万块乐高积木搭建而成的建筑和游乐设施，每年吸引超过160万名游客前来参观。

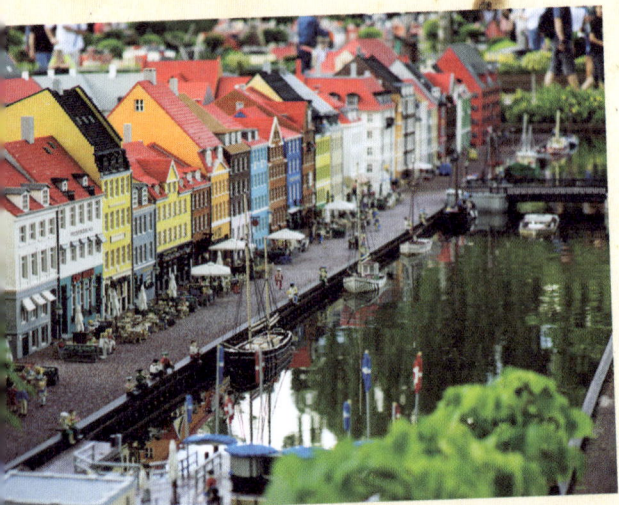

乐高主题公园里的尼哈文海滨建筑。

梦幻游乐场

在16世纪的哥本哈根，干净的淡水非常稀有，当地的水就像鳗鱼汤一样混浊——是不是有点儿难以想象？大约在1583年，一位名叫柯尔斯顿·皮尔的丹麦女士在丹麦皇家鹿园附近发现了一处清澈的泉水。由此，当地在泉水旁建起了一座游乐场，现在被称为巴肯游乐场，是丹麦的热门景点。起初，这里主要是进行汲水、商品贸易和欣赏表演的场所，后来逐渐发展成为拥有33个游乐设施的大型主题公园。

不过，和哥本哈根的另一个公园——蒂沃利公园比起来，巴肯游乐场又多少有些相形见绌了。蒂沃利公园风景如画，于1843年正式开放，园中运行的木质过山车已有相当悠久的历史。

2013年，超过420万人来到蒂沃利公园游玩。

你知道吗？

丹麦人瑟伦·亚当·瑟伦森是个名副其实的恶作剧大师，他发明了一种打喷嚏粉，还有手动玩具蜂鸣器。

蓝色星球水族馆的巨型水箱可容纳约700万升水。

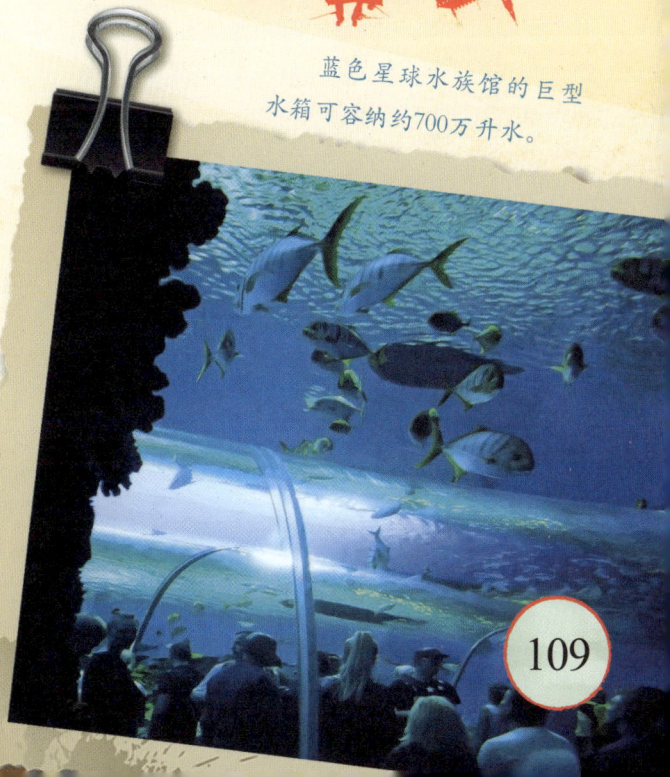

有趣的景点

游人如织的蓝色星球水族馆位于哥本哈根，是丹麦最大的水族馆。馆内有70多个巨型水箱，其中一个区域可以观赏到3 000多条食人鱼在水中游弋，还能看到鲨鱼、黄貂鱼、章鱼和海獭等动物。位于哥本哈根城外的奥胡斯史前历史博物馆收藏了5 000多件自然文物展品。

除了以上这些迷人的地方，最令游客们感到迷惑的景点是萨索姆岛上的巨大迷宫，它由5万多棵树和灌木丛建成，是世界上最大、最复杂的大自然迷宫，迷宫中有186个不同的分岔路线。

了不起的丹麦人

丹麦人为推动世界文明的进程做出了巨大的贡献，比如电影制片人拉斯·冯·提尔和加布里埃尔·阿克谢，著名哲学家索伦·克尔凯郭尔；探险家维他斯·白令，等等，都是其中的佼佼者。1728年，维他斯·白令成为第一个横渡白令海峡的开拓者，他还证明了亚洲和北美洲是独立的大陆。

伟大的第谷

在望远镜被发明之前，天文学家只能凭借肉眼观测星空。丹麦贵族第谷·布拉赫（1546—1601年）毕生致力于绘制有史以来最精确的星历表，表上包含了900多颗星星。布拉赫是一位颇具个性的人物，他在家里养了一只麋鹿作为宠物，还有一个叫杰普的侏儒男仆。为了争论某个数学方程式的问题，布拉赫在一场决斗中失去了部分鼻子，他就装上了用黄铜、蜡和绳子做成的假鼻子。

这尊第谷·布拉赫雕像矗立在哥本哈根的罗森堡宫附近。

童话大师

汉斯·克里斯蒂安·安徒生（1805—1875年）出生于丹麦的欧登塞城，他年轻的时候只身前往首都哥本哈根，想成为一名演员。在哥本哈根，他开始为孩子们创作小说、戏剧和童话故事，1835年，他的童话集《讲给孩子们听的故事》正式出版，此后又陆续有作品集问世。安徒生的童话风格幽默而又弥漫着淡淡的悲伤，故事中塑造的人物总是令人印象深刻。他笔下的经典童话代代相传，直到现在，《丑小鸭》《小美人鱼》《拇指姑娘》和《豌豆公主》等作品依然是孩子们的枕边故事。

诺贝尔奖得主

在文学、医学和科学等诸多领域，丹麦人都收获了不少成果。尼尔斯·玻尔在原子结构理论领域做出了卓越的贡献，因而成为1922年诺贝尔物理学奖得主；53年后，他的儿子艾格同样因致力于原子研究而获得诺贝尔物理学奖。1903年，来自法罗群岛的科学家尼尔斯·吕贝里·芬森在治疗疾病（尤其是狼疮）方面做出卓越贡献，荣获诺贝尔生理学与医学奖。

位于哥本哈根市政厅旁的汉斯·克里斯蒂安·安徒生铜像。

快乐王国

在联合国、欧盟及其他组织对不同国家人民的生活幸福指数展开的多项调查中，丹麦经常名列前茅乃至榜首。这个国家的人民被认为是世界上幸福指数最高的人，其中有什么秘诀吗？是因为丹麦宜人的气候？还是别的什么？继续往下看吧！

哥本哈根大学成立于1479年，是丹麦最古老的大学，拥有一座恢宏大气的图书馆。

福利制度

丹麦经济发达，国民平均工资在欧洲排名第一。不过，丹麦人也要缴纳比例最高的税金，包括25%的增值税（VAT）。高纳税带来的是高福利，国家会为每个家庭提供世界一流水平的教育、医疗等保障。例如，新生儿的父母可以享受52周的带薪假期，这在整个欧洲范围内都是时间最长的。几乎所有大学和学院都提供免费的高等教育，丹麦的大学生每月还能额外领取一笔国家教育援助金，作为日常生活的补贴。

人们正在欣赏户外的儿童话剧表演。

你知道吗？

丹麦有一条奇怪的法律，是关于新生儿取名的——丹麦的家长只能从法律承认的名单中选取自己孩子的名字，这个名单上共有7 000多个常用名。此外，近1/4的丹麦人都姓詹森、尼尔森或汉森。

快乐出游

丹麦的乡村、海岸和岛屿风景如画，适宜出游，所以大部分丹麦人都将骑车、散步和游泳作为日常锻炼的方式，生活方式非常健康。全国各地的人们都喜欢参加节庆活动，与此同时，社区在他们的生活中也占据着重要地位，约40%的丹麦人会主动参加慈善活动或者当志愿者，尽己所能地为他人提供帮助。

悠闲时光

丹麦人很守时，个性坦率、有话直说，也不会刻意奉承对方，但这并不意味着他们不喜欢聚会和社交。事实上，丹麦人还有一种特殊的文化——hygge，意思是乐于享受与家人、朋友相处的悠闲时光。丹麦人最惬意的时刻莫过于在晚上邀请朋友到家中，借此打发漫漫长夜。如果你来丹麦人的家里做客，那么对主人最大的赞美，就是感谢他们让你度过了一个舒适的夜晚。

炎炎夏日，与朋友或者家人在集市或者熏制风味餐厅里小聚，对丹麦人来说也是相当惬意的！

发现意大利

欢迎来到意大利

出发吧!

　　欢迎来到意大利！从地图上看，意大利的轮廓就像一只伸向地中海的靴子，不过，可别小瞧这只靴子！意大利拥有悠久的历史和非凡的文化，曾是罗马帝国的中心，缔造了有史以来欧洲最伟大的古代文明。如今，意大利依然以其恢宏的艺术风格、壮观的建筑和迷人的风景而傲立全球。如果你想知道比萨斜塔的秘密，见识世界上最时尚的跑车，还想深入了解欧洲大陆最神奇的食物和发明，那就来对地方了！

小档案

国土面积：301 333平方千米

人口：5 898万（截至2022年1月的统计数据）

首都：罗马

国界：长达1 899.2千米，与6个国家接壤

货币：欧元

国旗：

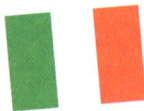

比萨斜塔

特罗佩亚是意大利维博瓦伦蒂亚省的一座小镇，古老的特罗佩亚屹立在悬崖之上，而悬崖下则是一片迷人的沙滩。这座小镇被当地人誉为"海滨小镇中的女王"，是意大利著名的海滨度假胜地。

在威尼斯附近的埃拉克莱阿海滩上，严禁建造沙堡。如果你拿出水桶和铁锹来的话，可能会被处以250欧元的罚款。

2008年，在热那亚市附近的古里亚海，维托里奥·诺森特尝试在水下66.5米处骑自行车，创造了最深的水下骑行这一世界纪录。

古罗马人

公元前3世纪，罗马作为一座小城，开始不断向外扩张，建立了第一个海外行省——西西里，这是地中海最大的岛屿。在接下来的350年里，古罗马人凭借武力最终缔造了庞大的罗马帝国，疆域遍及欧洲和北非的大部分地区。在罗马帝国的全盛时期，国土面积达到650万平方千米。

加尔桥是古罗马帝国时期修建的高空引水渡槽，长达275米，高近50米。

古罗马建筑

罗马人堪称建筑天才，他们擅长利用拱形设计风格和坚固的混凝土来搭建建筑物。他们大兴土木，建造了运送淡水的桥梁、渡槽，还有罗马万神殿等世界著名建筑，后者至今仍留存于世。罗马的道路系统四通八达，开阔而笔直的道路将不同城镇紧密地连接起来。在其鼎盛时期，道路总长约40万千米，包括从罗马到意大利东南部港口布林迪西的阿皮亚古道。通过修筑道路，农民的田地之间也互相连通，进而开拓了农场的面积。

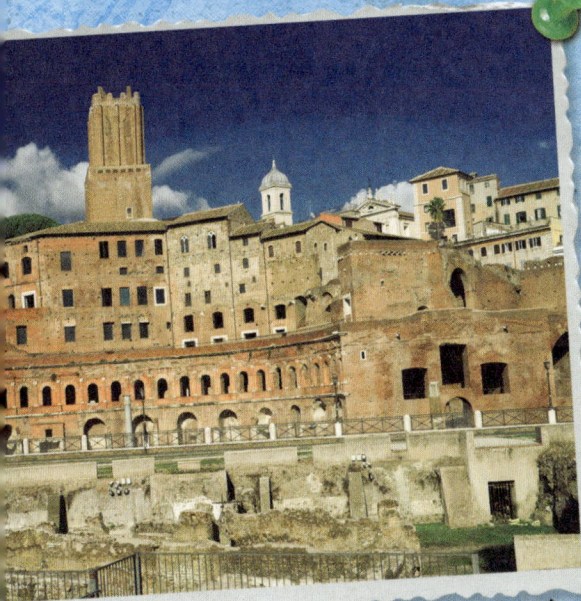

罗马的图拉真广场
比两个足球场还大。

罗马居所

古罗马的城市拥有先进的污水处理系统，公共浴室、集会场所和市场等基础设施也一应俱全。例如，罗马的图拉真广场能容纳150多个摊位，曾是这座城市重要的货物集散地，我们可从这里窥探到"购物中心"最初的样子。大部分贫穷的古罗马庶民住在多层公寓楼——"因司拉"（insulae，意为"孤岛"）中，富人们则住在大型庄园或乡村别墅里。一些富裕的家庭还会铺上马赛克瓷砖地板，并安装中央供暖系统，这种供暖方式被称为"火炕式"供暖，通过地板和墙壁来输送热空气。

罗马士兵的行进速度高达每天35千米。

生老病死

古罗马人在医学方面取得了不少重要成就，包括剖腹产手术的施行，能在产妇分娩出现并发症时安全地取出婴儿。不过，他们的一些治疗方法并不成功，比如把耳垢当作药物来缓解咬伤，把风干后的老鼠大脑磨成粉制成牙膏，等等。

罗马人还很热衷于在圆形的露天竞技场上举行角斗士比赛。这是一种相当残酷的比赛，勇士之间或勇士与猛兽展开杀戮，通常只有一方死去，比赛才会终止。

119

罗马：永恒之城

意大利的首都是罗马，这座历史名城积淀着数个世纪的繁华与喧嚣，如今的街道纵横交错、熙熙攘攘，现代的高楼大厦与古典的建筑遗迹交相辉映。作为伟大的罗马帝国的发祥地，在长达700年的历史中，罗马一直以来都是繁华的大城市。现在，罗马的魅力仍然不减往昔，每年吸引着700多万游客前来游玩。

七丘之城

罗马最初兴起于台伯河畔的渡口，后来建在7座低洼的山丘之上，逐渐发展成一个大城市。公元前50年，罗马城的人口已经超过100万，在接下来1 800多年的时间里，世界上没有任何一座城市的规模能与之匹敌。罗马人创造了不少令人叹为观止的建筑奇迹，比如古罗马竞技场，曾有无数的古罗马人在那里观看角斗士比赛。

在罗马的台伯河上，许多桥已有数百年的历史。

这是一座位于罗马的许愿池。

从1506年开始，瑞士近卫队一直守卫着梵蒂冈。

梵蒂冈

罗马城内有一个独立的国家——梵蒂冈。这是世界上最小的国家。梵蒂冈拥有世界上唯一一台带有拉丁文界面的自动取款机，其宏伟的国家博物馆更是收藏了数千件艺术珍品。在梵蒂冈，所有安保都是由世界上最小的军队——仅有110人的瑞士近卫队负责。

知识源泉

罗马共有280座喷泉，包括壮观的特雷维喷泉。这座喷泉又被称为"罗马许愿池"，建成于1762年。游客们总是在许愿池前投掷硬币，祈求好运，所以这里每两周就会打捞清理一次，每年可以捞出总额高达74万欧元的硬币，并全部捐赠给慈善机构。

罗马也是许多知名图书馆、研究机构和大学的所在地。它的第一所大学——罗马大学成立于1303年，是意大利最大的国立大学，拥有超过14万名学生。

你知道吗？

罗马是约30万只流浪猫的家园，任何虐杀流浪猫的人都将被罚款1万欧元。

条条大路

意大利的道路交通十分发达，高效且快速，拥有20 255千米的铁轨、130个机场和近50万千米的公路。意大利人都喜欢开快车，所以你经常会在路上看到一些运动型汽车飞驰而过。有的警察局甚至配备了顶级的兰博基尼运动型跑车，难怪意大利某些高速公路的最高限速达到150千米/小时！嗖——

你知道吗？

2012年，一辆1962年产的法拉利250GTO经典轿车以3 500万美元的高价售出，这款车型一共只生产了39台。

贡多拉

一名贡多拉船夫正用单桨操纵着船只向前移动。

在威尼斯，整个城市都建在由100座岛屿组成的水上交通网上，主要街道由150多条运河构成，因此仅有的机动车是摩托艇和水上巴士，贡多拉则是威尼斯人的另一种代步工具，是长11米、由单人操纵船桨的平底船。大约只有425名船夫持有驾驶贡多拉的执照，想要成为他们当中的一员并不容易，必须接受400多个课时的培训，并通过一场难度很大的测试。

双轮出行

如果你来到意大利的任何一个城镇，都会看到很多踏板摩托车在路上飞驰。这种踏板摩托车小巧而轻便，车前有平坦的踏板，驾驶者可以把双脚放在上面。意大利共有超过500万辆小型踏板摩托车，每当城市迎来交通拥堵的高峰期，它们就成为通勤者首选的出行工具。

兰布雷塔和韦士柏是意大利最受欢迎的踏板摩托车品牌，后者在意大利语中是"黄蜂"的意思。这两大品牌都是在20世纪40年代末生产出第一辆踏板摩托车的。

下图是一辆经典的法拉利迪诺超级跑车，最高速度可达到235千米/小时。

一场摩托车拉力赛在里米尼附近的韦鲁基奥镇举行。

作为一款加长车型，菲亚特500L需要在超大型的生产线上组装生产。

经典汽车

意大利拥有相当庞大的汽车产业，每年生产超过79万辆汽车，由菲亚特汽车公司占据垄断地位。这家公司的总部设在都灵，其工厂还有一条颇具特色的屋顶试车跑道。对于意大利人而言，菲亚特旗下最令他们心动的品牌无疑是阿尔法·罗密欧、兰博基尼、玛莎拉蒂和法拉利等世界知名的跑车，尤其是法拉利，其经典的法拉利红配色和独特的黄盾跃马车标，在众多车辆中分外引人注目。

123

吃在意大利

如果说意大利人都特别爱吃意大利面和比萨，那当然没错啦！全世界没有比意大利人更会吃意大利面的人了，他们平均每人每年要吃超过25千克的意大利面，也就是说，一年之中超过120顿是在吃意大利面。

意大利有350多种不同类型的意大利面，比如薄薄的意大利扁面条和网球拍形状的球拍面，还有各种各样的酱汁可以搭配着一起吃。不是所有的意大利面都呈黄色，有些是用菠菜汁染成绿色的，还有的用墨鱼汁染成黑色，也称为黑酱意大利面。

披萨的起源

传统的比萨制作方法是将面饼放在石头上，用木炭生火，均匀地加热石头。

在罗马人之前，生活在意大利的伊特鲁里亚人已经开始吃有配料的面包了。不过，一般认为现代的比萨起源于19世纪的那不勒斯，比萨的"鼻祖"是玛格丽塔比萨，由白色的马苏里拉奶酪、红色的番茄酱和绿色的罗勒制成，并以意大利王后玛格丽塔的名字命名，比萨的颜色象征着意大利国旗的三色。世界上最大的比萨是2012年由意大利厨师制作的，直径长达40米，真的相当惊人！

上图是意大利餐桌上的开胃菜，真是令人垂涎三尺。

用餐时刻

意大利人的菜单很丰盛，不仅仅有意大利面和比萨，还有用牛肉和猪肉等制成的各式菜肴。此外，意大利有长达7 600千米的海岸线，所以鱼类等海鲜也是餐桌上常见的美食。

午餐通常是意人利人一天之中最重要的一餐，菜式非常丰富，他们往往从小碟的橄榄、鱼、奶酪和肉类开始吃，这些是他们的开胃菜。在吃正餐之前，意大利人有个习惯，就是先出门散会儿步，他们常常在路上遇到同样在散步的邻居或者朋友。

右图是美味的意大利桶装冰激凌。
在意大利的博洛尼亚附近还开设有一所冰激凌大学，专门教授冰激凌的制作技巧。

美味甜点

意大利人非常喜欢吃甜点，有的是比较简单快手的新鲜水果或脆饼，也有制作方式较为复杂的分层布丁，比如提拉米苏或意式奶蛋盅。在意大利，你能吃到上百种口味的冰激凌！

美的哲学

对于意大利人来说，美是一种生活哲学，他们称之为"la bella figura"。从字面意义来理解是"美好的形象"，但并不仅仅关乎着装，同时也代表着人们展示在别人面前的仪态和风貌。意大利人从不穿剪裁不当的紧身衣、休闲套装或连体服，他们是全欧洲穿着最为得体的人。意大利的时装产业规模庞大，在全球具有不可忽视的影响力。

你知道吗？

乔治·阿玛尼是意大利的著名时装设计师，他曾经为意大利空军设计过制服。

布鲁内洛·库奇内利是世界顶级的奢侈羊绒品牌，工厂位于意大利的佩鲁贾附近。

支柱产业

时装与鞋履是意大利的支柱产业，国内约有50万人从事服装生产和销售，以满足意大利人及海外消费者的需求。

米兰：时尚之都

米兰是一座熙熙攘攘的大都市，生产丝绸和服装的悠久历史可以追溯到中世纪。如今，作为意大利的时尚之都，米兰云集着意大利众多的大型时装公司，包括阿玛尼、米索尼和普拉达等知名品牌，都将总部设在这里。每年春秋两季，这座城市还会举办多场世界顶级的时装秀。在米兰时装周期间，总共会有超过120种不同的服装新品系列发布。

一位模特身着米兰高级成衣品牌弗兰基·莫雷诺推出的以比萨斜塔为特色的印花服装惊艳亮相。

从家庭作坊到时尚集团

1965年，意大利人卢西亚诺·贝纳通卖掉他的自行车，买了一台二手的缝纫机，开始了他的创业之路。贝纳通制作的手工编织套衫色彩鲜艳，颇受欢迎。后来，他的两个兄弟吉尔伯托和卡洛，以及妹妹朱利亚娜也加入了他的家庭作坊，最终成立了贝纳通集团。第二年，他们就在贝卢诺开了第一家门店。

目前，贝纳通集团在意大利国内外共拥有6 000多家门店。

高地与火山

意大利的地形变化多端，有草木丰美的平原地带，比如波河流域；也有气候温暖的沿海地区；还有约1/3的地区属于山区。亚平宁山脉位于意大利中部，延伸近1 200千米，较为低缓的山坡上覆盖着树木、草地和灌木丛，有13座山峰的海拔高度超过两千米。

意大利三面环海，如果想要从陆路离开这里，唯一途径是穿越阿尔卑斯山。

阿尔卑斯山

阿尔卑斯山这条巨大的山脉贯穿了8个欧洲国家。勃朗峰位于意大利与法国的交界处，是阿尔卑斯山的最高峰，海拔高达4 810.5米。意大利曾两次主办冬奥会，分别在1956年的科尔蒂纳丹佩佐和2006年的都灵，两届冬奥会都在阿尔卑斯山上举行滑雪项目。

被掩埋的城市

在庞贝古城的废墟前，能隐约看见远处的维苏威火山。

维苏威火山距意大利的那不勒斯约9千米，最猛烈的一次喷发是在公元79年，当时，火山每分钟喷出7 500万吨火山灰和熔岩，一共持续了6个多小时。那次火山喷发毁灭了附近的庞贝城和赫克雷尼亚城，当地居民被活埋在25米厚的火山灰之下，直到1 700多年后遗骸才被发现。发生在1906年的一次喷发破坏了那不勒斯的大部分地区，最近一次火山喷发是在1944年，共摧毁了4个村庄。

火山熔岩

在一次喷发中，埃特纳火山喷出了大量炽热的红色熔岩。

欧洲大陆最活跃的火山都在意大利，包括埃特纳火山、维苏威火山和斯特龙博利火山。在20世纪，这3座火山都曾喷发过。埃特纳火山位于西西里岛，在过去的50年中曾多次喷发。2008年，火山喷出了大量熔岩，沿着岛屿流动了将近6.5千米。斯特龙博利火山位于同名的小岛上，这座斯特龙博利岛距意大利北部海岸约60千米。在长达2 000年的时间里，它几乎持续在喷发，熔岩的碎屑飞溅至数百米的高空上。

艺术殿堂

长久以来，意大利这片土地上诞生了无数的天才艺术家、作家和音乐家。意大利拥有世界顶级的乐器制造大师，促进了古典音乐的蓬勃发展，其中最为著名的是斯特拉迪瓦里、阿马蒂和瓜尔内里这三大家族，他们都居住在意大利北部城市克雷莫纳，以小提琴制作而名扬海外。如今，意大利依然是全世界的艺术殿堂，有着数以千计的画廊和艺术展览等艺术节庆活动。

疯狂博物馆

意大利有超过3 300家博物馆，有一些博物馆举世闻名，比如那不勒斯的当代艺术博物馆和佛罗伦萨的乌菲齐美术馆，还有一些博物馆比较小众，听起来甚至还有些古怪。比如，在托尔贾诺有一家橄榄油博物馆；圣莫里吉奥多巴里奥有一个专门展示水龙头的博物馆；卡斯特菲达多有一个手风琴博物馆。在佛罗伦萨的自然历史博物馆里，甚至还专门展示人体解剖蜡像，用来研究黑死病患者——真挺吓人的！

你知道吗？

1564年，一些人认为米开朗琪罗画作上的一些裸体形象亵渎神灵，决定对相关部分加以遮蔽，于是请来艺术家达尼埃莱·里恰莱利，给所有裸体人物画上兜裆布。

左图为座落于西西里岛的马西莫剧院，目前，在意大利仍然有将近50家这类规模的歌剧院。

歌剧

歌剧是一种综合性的戏剧艺术形式，以声乐演唱为主，通过歌声和表演来讲述动人的故事。意大利是歌剧的故乡，在1600年左右，佛罗伦萨上演了全世界的首场歌剧，自此以后，威尔第、罗西尼和普契尼等歌剧大师汇聚于意大利，创作了大量知名歌剧，比如《蝴蝶夫人》和《波希米亚人》，等等。

米开朗琪罗

米开朗琪罗是意大利最著名的艺术家之一，曾在佛罗伦萨、博洛尼亚和罗马等多地工作过。他是一位杰出的雕塑家和画家，其作品包括《大卫》雕像，这些作品美轮美奂，令人叹为观止。

由米开朗琪罗创作的《大卫》雕像目前收藏在意大利佛罗伦萨美术学院美术馆。

足球大国

足球是意大利的国球，几乎所有的意大利人都是国家队的忠实球迷，同时他们也支持着自己喜爱的俱乐部。1999年，一家佛罗伦萨的足球俱乐部甚至还向球迷出售装有足球场空气的罐子。意大利人将足球称为"calcio"，这项运动源自16世纪，当时每个球队有27名选手。

你知道吗？

1938年，在一场对阵巴西的世界杯半决赛中，赛况到了白热化的阶段，意大利的朱塞佩·梅阿查正准备罚点球，他的短裤却掉了下来。梅阿查镇定自若地用一只手提着裤子，成功罚进点球。最终，意大利队赢了这场比赛！

蓝衣军团

自1911年以来，意大利国家队总是穿着蓝色的主场球衣，所以他们又被称为"蓝衣军团"。意大利队在世界杯上的表现相当出色，只有一次未能获得世界杯参赛资格（1958年），并曾经4次赢得冠军。

意大利足球的传奇人物包括世界上身价最高的门将吉安路易吉·布冯，他在2001年的身价就高达3 250万英镑；还有保罗·马尔蒂尼，他为AC米兰足球俱乐部打了900多场比赛。

"吉吉"布冯曾13次被评为意甲最佳门将。

意大利甲级联赛（简称"意甲"）是世界著名的足球联赛，许多一流的球员都在意甲踢球。意甲的赛季从每年9月开始，到次年5月结束，共有20支参赛球队争夺赛季的总冠军，包括那不勒斯、AC米兰、国际米兰和尤文图斯等知名俱乐部。尤文图斯足球俱乐部的总部位于都灵，是夺得意甲冠军最多的球队。

效力于AC米兰的艾尔·沙拉维正在对阵国际米兰的球赛上卖力踢球。

宏伟的圣西罗体育场是国际米兰和他们的劲敌AC米兰的主场。

德比之战

"德比"是体育比赛的术语，指的是同一地区或者实力相当的两支球队进行比赛。球迷们最喜欢看同城球队之间的竞争，比如桑普多利亚和热那亚这两大足球俱乐部的比赛被称为"灯塔德比"，对热那亚人来说，看比赛就像是参加一场盛大的嘉年华。

在意大利，足球俱乐部之间虽然处于竞争关系，但它们可能会共用一个体育场，就像拉齐奥足球俱乐部和罗马足球俱乐部，都将罗马的奥林匹克球场作为球队主场。

比赛期间，球迷们一般通过电视和网络来收看球赛，为自己支持的球队呐喊助威。除了看比赛，意大利人一有空就会踢踢足球，赛制分为常规的11人制足球赛或8人制的业余赛，后者在意大利语中称为"calciotto"。

南北产业

意大利是个多山地与丘陵的国家，从地形条件来看，并不适合种植业的发展，不过许多意大利人还是以种田为生。在意大利，你完全可以来个农场一日游，这儿可是分布着160多万个以农田为主的大型农场和小型农庄哦！

简单介绍了农业，再来说说意大利的工业吧。意大利的工业区集中在北部，在南部的港口附近，也分布着一些炼油厂、化工厂和塑料厂。

美酒与鲜花

意大利的农民都种些什么呢？不仅有小麦、玉米等粮食，也有番茄、大豆和甜菜等蔬菜。意大利还是世界著名的水果生产国，因为意大利中部及南部的大部分地区气候温暖，非常适合柑橘、柠檬、桃子和杏子等水果的生长。当然，说到意大利的农业，绝不能漏掉一望无际的葡萄园，还有漫山遍野的鲜花与橄榄树。

全世界大约1/5的葡萄酒都产自意大利，相当于每年生产约66亿瓶酒！

意大利的小镇伊夫雷亚每年都会上演一场大规模的食物大战。在此期间，来自西西里岛的500吨橙子会运到小镇，供镇上的居民互相投掷——真是汁水四溅啊！

意大利所有太阳能电池板所产生的电力，足以点亮1.27亿个100瓦的灯泡。

工业

意大利工业所需的原材料以进口为主，像计算机等高新技术产业，还有陶瓷、皮革制造和服装等传统产业，都离不开进口原料。

意大利的龙头产业是汽车制造业和白色家电业，也就是洗衣机、空调等白色外观的电器产业。除了这两大产业，大部分公司的规模都很小，雇用的职员通常不超过50人。近年来，意大利的经济发展并不乐观，失业率高，年轻人很难找到一份合适的工作。

位于西西里岛的米拉佐炼油厂每天加工8万桶油。

能源

1987年，乌克兰的切尔诺贝利核电站发生了严重的核泄漏事故。出于安全考虑，3年后，意大利就把国内所有的核电站都关闭了。可是，意大利并不是一个能源生产大国，放弃使用核电后，电费上涨，所以意大利居民所缴纳的电费远高于欧盟的其他国家。

近年来，意大利致力于开发新能源，取得了一定的成效。目前，意大利的太阳能发电量位居欧洲第二，仅次于德国，风力发电量位居世界第七，水力发电量也占据国内总发电量的1/5。

日常生活

意大利共有6 000万常住居民，其中450多万人来自其他国家，包括100万的罗马尼亚人和大量的摩洛哥人、阿尔巴尼亚人，他们都将意大利视为自己的家乡。意大利语是官方语言，不过也有约一半的人讲当地的方言，比如撒丁岛上有100多万人说撒丁岛语。

忌讳

意大利人有很多忌讳，比如，从来不用紫色的包装纸来装饰礼物，因为他们觉得这种颜色会带来厄运。送花的时候也要小心，黄色的鲜花象征着愤怒和嫉妒。自古罗马时代以来，意大利人一直认为17这个数字是不吉利的，因为17的罗马数字是XVII，将这几个字母换个顺序就变成了VIXI，而VIXI在拉丁语中是"活着"的完成时态，也就意味着"生命的终结"。因此，意大利的许多剧院都没有第17排或第17个座位。

你知道吗？

在意大利，大多数新郎都会在结婚当天随身携带一个铁块，意大利人认为，铁块可以抵御邪恶之眼的诅咒。

一个三世同堂的意大利家庭。

在意大利，约有780万人是14岁以下的未成年人。

家庭生活

意大利人热情开放，他们在见到好朋友或者家人时，经常用拥抱和亲吻双颊来表达问候。意大利有个传统，父母会在孩子过生日时拉扯他们的耳朵，过多少岁的生日就拉多少下。意大利人也非常看重家庭生活，他们总是跟家人一起出席节日庆典和其他重要活动。许多孩子成年之后依然会和父母住在一起，直到他们组建自己的小家庭。

意式婚礼

对意大利人而言，婚礼是一件很重要的事，他们在婚礼上会邀请众多宾客，举行各式各样的仪式。其实，世界各地的许多传统婚礼习俗都源自意大利，比如给新娘戴上面纱、朝空中撒五彩纸屑以及用钻戒作为订婚戒指等。在婚礼之后，会举办丰盛的招待宴会，新娘会随身携带一个缎面小包，用来放置客人给的礼金。在一些意式婚礼上，新郎的领带还会被剪碎，然后进行拍卖，所得收益再返还给这对新婚夫妇。

超级城市

意大利共有150个城镇的人口超过5万，包括首都罗马，北部的主要工业城市都灵与米兰，以及南部的巴里和佩斯卡拉。卢卡是一座四周由城墙环绕的古城，游客们可以沿着中世纪修建的城墙散步或骑自行车。

接下来，让我们深入了解一下意大利的三座超级城市吧！

佛罗伦萨

佛罗伦萨建于阿尔诺河畔，在中世纪曾以羊毛和纺织业而辉煌一时。后来，佛罗伦萨成为欧洲文艺复兴的发源地与中心，也是米开朗琪罗、波提切利等知名艺术家的故乡。宏伟的乌菲齐美术馆收藏着这座城市几乎所有最伟大的艺术品，横跨阿尔诺河的黄金桥也是佛罗伦萨的著名景点，两侧的拱廊林立着房屋和首饰店。

你知道吗？

在巴勒莫的嘉布遣会地下墓穴中，保存着大约8 000具木乃伊。其中一些木乃伊的姿态宛若生人，简直令人毛骨悚然！

那不勒斯

那不勒斯是位于意大利南部的工业中心，也是意大利第三大城市。它坐落在距罗马东南方向190千米的一个宽阔的海湾旁，拥有近100万居民。1818年，第一艘在地中海上航行的蒸汽动力船"费迪南多一号"，正是从那不勒斯的造船厂下水的。那不勒斯至今仍是一个繁忙的港口城市，每年都会接待约100万名乘坐邮轮而来的游客。人们如潮水般涌来，去大型商场尽情享受购物的乐趣，或者参观历史悠久的艺术画廊和剧院。要知道，在那不勒斯，还有至今仍在运作的世界上最古老的歌剧院——圣卡洛剧院。

巴勒莫

巴勒莫是意大利西西里自治区的首府，由腓尼基商人在大约2 800年前建立。历史上，希腊人、诺曼人、阿拉伯人、德国的斯瓦比亚人、法国人以及西班牙人都曾统治过这里，因而，巴勒莫餐厅的不少菜单都至少用五种语言书写。巴勒莫是意大利最大的港口之一，每年可运送200万名乘客以及500万吨货物。

每年有超过6万艘船只抵达那不勒斯港。

139

发明创造

古往今来，意大利诞生了很多天才型的伟人，但没有一个比莱昂纳多·达·芬奇（1452—1519年）更聪明。凡是达·芬奇尝试去做的事情，从绘画、雕塑、工程到发明创造，几乎没有什么是不精通的。他发明了凸透镜研磨机，还设计出了滚珠轴承、装甲坦克、降落伞和直升机等各种神奇的机器！接下来，我们还会看到8种与工作或娱乐相关的仪器，都是由意大利人发明的。

气压计

埃万杰利斯塔·托里拆利（1643年）

这是一种通过测量大气压力来进行天气预报的装置。

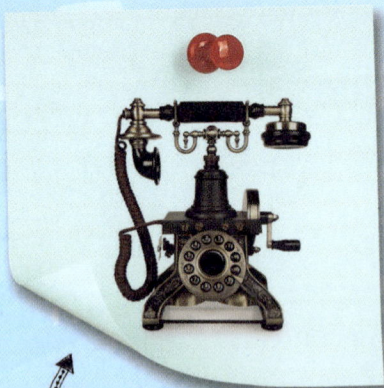

电话

安东尼奥·梅乌奇（1860年）

梅乌奇出生于佛罗伦萨，他在美国纽约展示了自己发明的电话。这比众所周知的"电话之父"亚历山大·格雷厄姆·贝尔首次拨打电话还要早16年！

电镀技术

路易吉·布鲁纳特利（1805年）

这种技术是利用电解原理在金属上覆盖一层薄薄的金、银或其他金属，主要应用在珠宝和餐具制作过程中。

健身球

阿奎利诺·科萨尼（1968年）

健身球问世之后，无数孩子都在花园里玩这种带把手的弹力球，为他们带来了无尽欢乐。

钢琴

巴托罗密欧·克里斯多佛利（1700—1710年期间）

克里斯多佛利在帕多瓦工作的时候，采用以弦槌击弦发音的机械装置，制造出第一架钢琴。

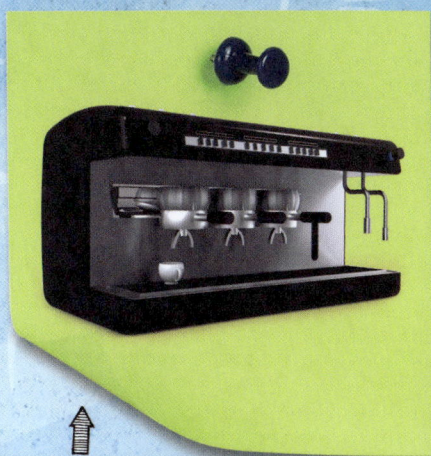

商用浓缩咖啡机

路易吉·贝瑟拉（1903年）

贝瑟拉在原有咖啡机的基础上进行了改造，借助热水和蒸汽产生的压力，很快就能冲出一杯咖啡。

无线电（实用无线电传输技术）

古格利尔莫·马可尼（1896年）

1901年，马可尼首次实现了利用无线电波跨大西洋发送电报。

你知道吗？

莱昂纳多·达·芬奇有数千页的手稿流传至今，大多数都是用反手书写的，需要借助镜面来破译文字。

下图是位于米兰的达·芬奇雕像，他看起来正在沉思。

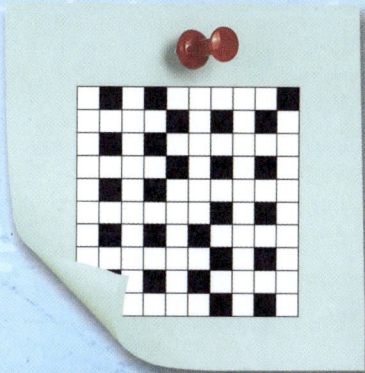

填字游戏

朱塞佩·艾罗尔迪（1890年）

这是我们现在所玩的填字游戏的雏形，最初发表在一本意大利杂志上。

阿美琳堡王宫是丹麦王室的主要宫殿，位于哥本哈根市区东部的欧尔松海峡之滨。

意大利的多洛米蒂山共有18个山峰，高度超过3 000米，这里山峦壮丽，奇峰林立，姿态独特而迷人。

这些高耸的岩石屹立在澳大利亚的海岸旁已有2 000万年的历史了，因它们恰巧酷似耶稣的十二使徒，所以被称为"十二使徒岩"。

南非的克鲁格国家公园中有一片一望无际的旷野，这里生活着众多野生动物。瞧，一群非洲大象正朝这边走过来！

发现澳大利亚

出发吧！

大家好，欢迎来到澳大利亚这个神奇的国度！澳大利亚的国名源于拉丁语的"australis"，意思是"南方的大陆"，它地处太平洋之上，国土面积广袤，是世界上第六大的国家，也是南半球最大的国家。澳大利亚既是野生动植物王国，也是风景恢宏的旅游大国，从尘土飞扬的内陆沙漠、茂密的热带森林，再到绚丽的珊瑚礁等景观，应有尽有，令人叹为观止。翻开这本书，一起深入了解这个国家和人民，见识一下地下小镇和金枪鱼投掷节，再猜一猜是哪座大城市曾被叫作"蝙蝠侠城"吧！

小档案

国土面积：769.2万平方千米

人口：2 617万（截至2022年10月的统计数据）

首都：堪培拉

邻国：无

货币：澳币

国旗：

澳大利亚国旗诞生于1901年，当时是从国旗设计比赛的32 000多份方案中脱颖而出的。

一只在原野上跳跃的袋鼠。

仙女港位于澳大利亚的维多利亚，这里的海滩和小镇仿佛出自童话世界，优雅静谧的海岸与19世纪风格的建筑交相呼应，美不胜收。

世界上最大的养牛场是位于澳大利亚南部的安娜溪牧场，占地面积达34 000多平方千米，甚至超过了比利时的国土面积。

世界上最长的围栏是澳大利亚的游牧长栏，又称为"野狗长栏"。这道长达5 614千米的围栏建于19世纪80年代，目的在于保护澳大利亚东南部的绵羊免受野狗的袭击。

探索新大陆

早在世界上其他地方的人发现澳洲之前，澳大利亚的土著居民已经在这片土地上繁衍生存了很久。在历史上，欧洲的探险家们一直在试图寻找"未知的南方大陆"。最终，来自荷兰以及英国的水手们成功地踏上了这片土地。

早期探索

1606年，由荷兰人威·扬茨担任船长的"杜夫根号"在澳大利亚最北端的约克角半岛登陆。1642年，阿贝尔·塔斯曼发现了现在的塔斯马尼亚，当时他将其命名为"范迪门地"。1768年，"奋进号"船长詹姆斯·库克从英国启航，于1770年抵达植物学湾（位于现在的悉尼附近）。他绘制了大量与澳大利亚东海岸相关的地图，并宣布澳洲归属英国。

库克船长位于悉尼的雕像（右图）和他的船"奋进号"的复制品（上图）。

148

早期殖民地

在1788年至1868年期间，英国开始将澳大利亚作为海外流放地，把16.2万名囚犯送往那里。在长达数月的漫长旅途中，囚犯们往往被关押在甲板下，不得不忍受着船上恶劣的生存条件。许多囚犯在路上就去世了，而剩下那些活着的人则沦为澳洲开荒的廉价劳动力，一旦犯错，他们还面临着严酷的刑罚。曾经有一个人仅仅偷了一个南瓜，就被鞭打了500次！

上图是位于塔斯马尼亚岛的亚瑟港监狱遗址，于1833年对外开放。

你知道吗？

澳大利亚有史以来的第一支警察部队——"守夜人"，是由早期殖民者中十几名表现最好的罪犯组成的。

探索内陆

从19世纪开始，大批自由移民也陆续来到澳大利亚，开始向内陆发展。1860年，由伯克和威尔斯率领的一支探险队骑着骆驼从墨尔本出发，打算自南向北横穿澳大利亚。尽管他们随身携带了大量的装备，包括食物、篦子和浴缸等，离目的地也很近了，但最终几乎所有人都在探险途中去世，仅一人幸免于难。

伯克和威尔斯曾经徒步深入澳大利亚北部，后来不得不中止探险计划，艰难地返回库珀溪。

149

城市风光

1913年，澳大利亚着手建设首都堪培拉。如今，堪培拉已是澳大利亚政府的所在地，生活着约37万居民。堪培拉又被称为"丛林首都"，因为它地处干旱内陆地区中的丛林地带，绿树成荫，风景宜人。堪培拉是澳大利亚的第八大城市，那些更大的城市一般都位于漫长的海岸线上。

悉尼：超级城市

悉尼是澳大利亚最大的城市，也是最著名的观光城市。约有460多万人居住在悉尼市及周边地区，这座城市从巨大的海港向外延伸，不仅成为澳大利亚的金融中心和商业中心，而且拥有数百个景点，包括举世闻名的悉尼歌剧院和海港大桥。位于悉尼的乔治街是澳大利亚最古老的街道，如今则洋溢着现代化气息，无数摩天大楼林立其间。

宏伟的悉尼歌剧院于1973年竣工，屋顶覆盖着超过105万块瓷砖。

珀斯：魅力之城

西澳大利亚州地广人稀，面积超过250万平方千米，约占澳大利亚总面积的1/3，但一共只有240万居民。其中3/4以上的居民都居住在珀斯市及其周边地区。珀斯这座城市建于1829年，坐落在天鹅河畔，一年中的大部分时间都沐浴在阳光下。每当夏日午后，来自印度洋的海风如期而至，纾解了珀斯酷热难耐的天气，因此这种风享有"弗里曼特尔医生"的昵称。

国王公园位于珀斯的天鹅河畔，是世界知名的城市公园，面积广阔，占地4平方千米。

墨尔本：文化之都

墨尔本最初被称为"蝙蝠侠城"（Batma-nia），这是以最早的垦荒者之一——约翰·贝特曼（John Batman）的名字命名的。这座城市坐落在一个叫作菲利普港湾的大型天然海港上，在19世纪中叶，因为金矿的发现而得以迅速发展。墨尔本是澳大利亚主要的文化、音乐和艺术中心，还拥有世界上最大的有轨电车系统。

你知道吗？

虽然珀斯、悉尼和堪培拉都是澳大利亚的城市，但相比到后两者的距离，珀斯其实更靠近印度尼西亚的雅加达。

不止荒漠

澳大利亚中部的大部分地区炎热干燥，有维多利亚沙漠、大沙沙漠等大范围的沙漠地带，每片沙漠的面积都比整个英国的国土面积还大。不过，澳大利亚的地貌景观依然非常丰富，广泛分布着草原、山脉、湿地和茂密的雨林，还有大片干旱的灌木丛地区，在澳洲属于未经开垦的荒野。

你知道吗?

100多年前，人们发现科西阿斯科山 (Mount Kosciuszko，由波兰探险家发现，并以一位波兰英雄的名字命名) 的海拔高度要低于邻近的汤森山 (Mount Townsend)，因此，当地政府将两座山的名字互相调换了。

墨累河的水可以用于灌溉葡萄园。

森林与河流

澳大利亚北部和东部属于热带气候，部分地区每年的降雨量超过1 000毫米，昆士兰北部的降雨量有时候甚至多达4 000毫米。这些地区通常生长着大片茂密的雨林和湿地，成为许多动植物的理想家园。澳大利亚干旱少雨，河流稀少，墨累河是境内最大的河流，流经东南部的大片区域，长达2 508千米，达令河是它的一条支流。

乌卢鲁巨石

在澳大利亚的中部地区，有一块高耸的巨大红色砂岩，高345米，底部的周长约9.4千米，被称为"澳大利亚的红色心脏"。这就是澳大利亚标志性的自然景观——"艾尔斯岩石"，当地的土著居民又叫它"乌卢鲁巨石"。乌卢鲁巨石是土著居民的圣地，所以，如果你去那里旅游，千万不能爬上去哦！

与乌卢鲁岩石距离最近的爱丽丝泉镇有460多千米的车程，但离最近的机场却只有8千米。

山峦与高地

澳大利亚地势平坦，以绵延起伏的平原地形为主，蓝山和大分水岭是少数的几条山脉。国内的最高点是科西阿斯科山，海拔2 228米。澳大利亚的高山地区是冬季运动的胜地，比如铁摭堡和布勒山，一到冬天，白雪皑皑，每年都有数不清的滑雪爱好者到这里来度假。

著名的三姐妹岩位于澳大利亚的蓝山。

153

动物王国

在澳大利亚，85%以上的爬行动物、昆虫和鱼类是当地特有的，也就是说它们只生活在澳大利亚的野外。这是为什么呢？原因之一是澳大利亚很少有像狼、狮子或豹子这样的陆地食肉动物，天敌较少，所以各种各样的野生动物都得以繁衍生息。

有袋动物是一种哺乳类动物，它们生下未发育完全的幼崽之后，会把幼崽放在育儿袋中养育一段时间。考拉、沙袋鼠、袋鼠和袋熊都属于有袋动物。体型最大的有袋动物是红袋鼠，它们站起来时有两米高，能够以每小时40千米的速度进行跳跃。

考拉

左图是巨型咸水鳄鱼，体长7米，生活在澳大利亚北部沿海地区。

袋熊的粪便形状呈立方体，这是因为它们具有一定的领地意识，可以通过这种扁平的粪便来标记领地的边界。

澳大利亚是许多致命毒物的家园，比如带有剧毒的漏斗蜘蛛和红背蜘蛛，还有世界上毒性最大的陆栖蛇——内陆大班蛇。

红背蜘蛛

单孔目动物是世界上唯一产卵的哺乳动物，包括针鼹科和鸭嘴兽科，仅分布在新几内亚和澳大利亚等地。

针鼹

箱型水母漂浮在寂静的海岸区域，如果它的触须同时释放足够多的毒液，一只水母在几分钟内就可以杀死一个人。

澳大利亚拥有800多种鸟类，包括叫声嘹亮的笑翠鸟和高达两米的巨型鸸鹋。

笑翠鸟

长途出行

澳大利亚幅员辽阔，东西宽约4 000千米，南北长约3 800千米，总面积是英国的32倍。因此，澳大利亚人的国内出行大多数都是长途旅行，他们通常选择的交通方式是陆路和航空。

你知道吗？

2006年，世界上最长的公路列车出现在昆士兰的克利夫顿：一位卡车司机牵引着112辆拖车在公路上行驶，卡车和拖车的总长度加起来超过1.4千米。

陆路交通

澳大利亚的铁路线总长超过4.1万千米，以短距离的城际铁路为主，还有两条洲际铁路，横跨了整片大陆：一条是横贯东西的"印度洋-太平洋号"列车，另一条是穿越南北的"甘号"列车。你知道吗，坐完"印度洋-太平洋号"列车的全程要花费130多个小时！

在澳大利亚，还有另一种列车，叫作公路列车。这种列车有点像我们常见的半挂大货车，车身后面还可以加上好几节的车厢，用于牲畜、原材料或工业成品等货物的大规模长途运输。

一列由大型钻井卡车驱动的公路列车正在澳大利亚北部地区行驶。

空中飞行

在澳大利亚，如果想去另一座城市探亲访友，大部分澳大利亚人都会选择坐飞机。因此，澳大利亚的航空业很发达，国内有300多个铺有跑道的标准化机场，还有几百个简易机场。

此外，澳大利亚有一个皇家飞行医生服务组织，一共建造了21个空中医疗基地，每年治疗27万多名患者。澳大利亚北部开通了从凯恩斯到约克角的定期航空邮路航线，每天的飞行里程约有1 450千米。

共有60多架飞机隶属于皇家飞行医生服务组织，上图是其中之一。2012年，该医疗组织共计飞行约74 000次。

澳大利亚会在有野生动物横穿马路的区域竖立右图的路标，提醒司机多加注意。

路边景观

开车在澳大利亚的公路上旅行，你一定会见识到上百个竖立在路旁的"大东西"，最著名的莫过于巴利纳的"大虾"、金斯顿的"大龙虾"和澳大利亚乡村音乐之都塔姆沃思的"大吉他"。位于科夫斯港的巨型混凝土"香蕉"则是澳大利亚的首批"大东西"之一，长达11米，这一路边景观原本建在香蕉摊附近，于1964年正式开放，用于招揽公路上的司机们。

1971年，澳大利亚的楠伯附近建起了16米高的"大菠萝"景点，令无数过路人叹为观止。

157

体育运动

　　澳大利亚天气晴朗，面积广袤，所以人们喜欢在户外进行各种各样的运动。尽管按人口来说，澳大利亚是一个小国，但在世界级的体育赛事当中，澳大利亚人的表现早已摆脱人口比重较小的劣势，不管是田径还是赛车项目，都斩获了多枚世界金牌。自1896年以来，澳大利亚还举办过两届夏季奥运会，分别是1956年墨尔本奥运会和2000年的悉尼奥运会。

庞大的墨尔本板球场可容纳10万名观众，每年这里都会举办板球比赛和澳式橄榄球比赛。

板球比赛

　　板球是澳大利亚人最喜欢的运动之一。1803年，悉尼举行了史上第一场有记录的板球比赛。75年之后，澳大利亚开始派出球队去板球发源地——英格兰参加比赛。澳大利亚共有6个州，每个州每年都会派出一支队伍参加"谢菲尔德盾"板球赛事。在通常每两年举行一次的"灰烬杯"板球赛中，澳大利亚国家板球队最激烈的竞争对手就是英格兰队。每年的节礼日（Boxing Day）期间，澳大利亚还有一项传统，就是在墨尔本板球场举行为期5天的板球比赛。

澳式橄榄球

澳式橄榄球起源于墨尔本，又称澳式足球。澳式橄榄球的顶级球队包括埃森登、卡尔顿和科林伍德。每支球队由18名球员组成，在比赛中，双方球员都努力将球踢进两个高耸的球杆之间。为了得分，球员们经常做出跳跃、推搡和触球等激烈动作，因此这是一项身体对抗性很强的运动。

在一场激烈的澳式橄榄球比赛中，来自科林伍德和埃森登这两支球队的球员正在互相争夺球权。

你知道吗？

澳大利亚国家足球队被称为"袋鼠军团"，是国际足球赛事中最大分差的世界纪录保持者，曾在2001年以31比0的比分击败美属萨摩亚。

位于布里斯班市南部黄金海岸的鲷鱼岩，是冲浪爱好者的天堂。

冲浪运动

澳大利亚的海岸线绵延数千千米，适宜开展水上运动，因而澳大利亚人在这方面的表现也非常出色。像伊恩·索普和利比·特里克特这样的澳大利亚游泳名将，就曾经多次横扫各大赛事的金牌；在"美洲杯"等帆船比赛中，澳大利亚也是美国强有力的竞争对手。澳大利亚有许多数一数二的冲浪海滩，比如努沙岬、贝尔斯海滩和鲷鱼岩，在这些地方举行的比赛云集着世界各地的顶级冲浪选手。

矿产资源

澳大利亚的采矿业最发达，农业与制造业次之。澳大利亚是世界上最大的煤炭出口国，在2010年到2011年期间，一共开采了4.05亿吨煤炭；铀资源也很丰富，约占全世界已知铀储量的1/4。

埋在澳大利亚地下的宝藏还不止这些。2013年，内陆地区又发现了大储量的页岩油矿，所以，采矿业对于这个国家的经济发展就更重要了。

在巨大的"超级陷阱"金矿前，卡车看上去分外渺小。

金属矿产

猜一猜，工业的原材料有哪些？像铁、镍、铜、铝、锰和锌等金属矿产是必不可少的。澳大利亚是世界上屈指可数的金属矿产生产大国，矿产业属于劳动密集型产业，不管是提取还是冶炼，都需要大量劳动力。所以，在采矿区定居的人口越来越多，逐渐发展为城镇，像布罗肯希尔和卡拉萨这两座城市就是这样发展起来的。

上图是一辆满载矿物岩石的巨型自卸卡车，金属主要是从这些矿石中提炼的。

160

库伯佩地的高尔夫球场寸草不生,只有岩石和沙子。来打高尔夫球的人只能随身携带一块人造草皮,所谓的"果岭"(greens)也是黑色的,上面覆盖着混合了油的沙子。

库伯佩地

澳大利亚拥有大量的宝石矿产,包括钻石和蛋白石。世界上85%以上的蛋白石都产自澳大利亚,主要产地是位于南澳大利亚州的库伯佩地。在建筑规划方面,库伯佩地是个奇特的小镇,由于天气炎热,大多数居民在地下生活,住在废矿井或是自己挖的岩洞里。这里甚至还有地下餐厅,比在灼热的地面上凉爽得多。

布里克维斯山脉位于库伯佩地的北面。

淘金时代

1851年,澳大利亚的新南威尔士州发现了金矿,由此掀起了一场大规模的淘金热。在不到10年的时间里,原本43.7万的全国总人口骤增了一倍多。如今,澳大利亚仍然是世界五大黄金生产国之一,最大的露天金矿是位于西澳大利亚州的"超级陷阱"金矿。在"超级陷阱",每年都会用巨型挖掘机和卡车开采并运输约1 500万吨岩石,逐渐形成了长约3.5千米、宽约1.5千米、深约570米的巨大坑洞。

161

黄金海岸

澳大利亚四面环海，因此，约9/10的澳大利亚人都居住在距离海边70千米以内的地带，大海与他们的日常生活息息相关。比如，澳大利亚人嗜爱海鲜，国内渔业每年都会捕捞数万吨虾、金枪鱼及其他鱼类，以满足人们的口腹之欲。在澳大利亚还有300多个冲浪救生员俱乐部，俱乐部成员会在400多个海滩上进行巡逻，以保障游客的生命安全。

海滨风光

库荣海滩绵延200千米，是澳大利亚最长的独立海滩。与之相反的是邦迪海滩，全长只有1千米左右，不过因为它距离悉尼只有几分钟的路程，所以依然游人如织。在澳大利亚的部分海岸边，坐落着形态各异的岩石。大洋路是世界上最美丽的海滨公路，长达243千米，由第一次世界大战归来的退伍军人修建而成。在沿着海岸线行驶的过程中，游客们能够欣赏到许多壮观的景色。

邦迪海滩在距离岸边150米处设有一张防鲨网，以保护游泳者免受鲨鱼的袭击。

岛屿地带

澳大利亚境内约有8 200个岛屿，星星点点地散落在辽阔的大海上。

澳大利亚最大的岛屿是塔斯马尼亚，岛内生活着约50万人。世界上最大的沙岛也在澳大利亚，是北部的弗雷泽岛。岛屿长约123千米，拥有茂密的热带雨林、红树林沼泽和上百个淡水湖。

圣诞岛位于珀斯往西约2 600千米的印度洋海域，岛上栖息着约3 000万只红蟹，大片的海滩被"染成"红色，蔚为壮观。

密密麻麻的圣诞岛红蟹几乎覆盖了铁道。

大堡礁

大堡礁是世界上最大的珊瑚礁，也是唯一能从外太空看到的生命结构。它纵贯澳大利亚东北部海域约2 300千米，珊瑚礁群的总面积比英国和葡萄牙的国土面积加起来还要大！大堡礁也是种类繁多的水生动物的家园，包括1 600多种鱼类和3 000多种软体动物，其中还有体重超过200千克的巨型蛤蜊。

你知道吗？

大堡礁有自己的邮箱，位于距海岸70多千米的阿金考特礁的一个浮潜平台上。

163

澳大利亚土著

早在欧洲人抵达澳大利亚的很多年以前，来自东南亚的移民已经定居在这里了。由于当时的海平面较低，在通往澳大利亚的水域之上可能存在着一座陆桥，所以东南亚人可以不依赖船只而自由通行。来到澳大利亚之后，这些最早的居民以部落形式分散在大陆各地，使用200多种不同的土著方言，形成了各不相同的生活方式。每个土著部落都拥有象征着神圣意味的地标性景观，许多土著至今还居住在自己的领地上。

你知道吗？

澳洲土著用来狩猎的一种飞旋镖叫作"kylie"，形状类似回旋镖，但不能飞回起点。

狩猎工具

澳大利亚土著以狩猎为生，他们经常迁移到不同的地方，以采摘植物、捕捉猎物为生。为了捕鸟和野兽，土著发明了许多狩猎工具，比如投掷棒或飞旋镖。和我们现在所说的回旋镖不同，这类工具在投掷之后并不能全部飞回主人的身边。长矛和梭镖投掷器也是他们常用的狩猎工具，其中，梭镖投掷器是一端带有钩子的木棍，它可以作为长矛的辅助，将长矛的投掷范围扩大到90米以外。

如今，许多游客都喜欢购买绘有精致图案的飞旋镖作为纪念品。

土著文化

在没有书面语言的年代，澳大利亚土著居民通过音乐、舞蹈、故事，以及用彩色圆点构成图画等艺术形式，将别具特色的土著文化代代相传。在澳大利亚，许多艺术作品和传说故事都与梦有关。在传说中，梦是由祖先创造的，并构建了土著居民对世间万物起源的复杂信仰。他们认为，彩虹蛇是澳大利亚人的祖先。在远古时代，彩虹蛇出现在地球上，澳大利亚从此有了土地，也有了河流。

土著艺术家查尔斯·恩卡马拉在位于爱丽丝泉的Ngurratjuta艺术中心作画。

载歌载舞

澳大利亚土著居民喜欢聚集在一起，召开狂欢舞会，载歌载舞地展现土著文化。参加舞会的人通常会用碎石和泥土在身体上绘上特殊的彩绘，并在拍手棒和迪吉里杜管的伴奏下放声歌唱。迪吉里杜管是一种中空的长管状乐器，由桉树的树干制成，掌握吹奏技巧之后能吹出深沉、如回声般的旋律。

在传统土著舞会上，成人和孩子都可以尽情起舞。

吃在澳大利亚

在澳大利亚，你可以吃到炸鱼和薯条等传统主食，也可以品尝到希腊、中东和亚洲等地的美食，这些舶来品都来自当地的移民。在所有这些美食当中，澳大利亚人最喜欢吃的还是肉馅饼——要知道，他们一年能吃掉2.5亿份！这种馅饼将牛肉剁碎后作为馅料，通常搭配番茄酱一起食用。

肉馅饼

你知道吗？

在澳大利亚的某些餐馆和超市，会出售所谓的"丛林食品"，即可食用的本土动植物和昆虫，比如一种叫作"笙东"的水果，甚至还有食木虫。

本地特产

令澳大利亚人引以为豪的是，他们还研制了很多本土特有的美食，其中包括丹波面包（一种烤制的无酵母面包）和维吉麦酱（一种美味的酱料，通常装在罐子或牙膏状管子里出售）。不少澳大利亚人都喜欢吃甜食，尤其是自制饼干和拉明顿蛋糕，后者是一种表面覆盖着巧克力糖衣和椰子碎的方形海绵蛋糕。还有一些菜品将澳大利亚的本地食材与其他国家的烹调方式相结合，比如煸炒班帝鱼——班帝鱼是澳洲特有的淡水鱼，生长在澳大利亚北部的海域。

拉明顿在1896年至1901年担任昆士兰州的州长，拉明顿蛋糕就是以他的名字命名的。

户外烧烤

澳大利亚气候温暖，景色宜人，所以许多澳大利亚人都酷爱户外烧烤。国内的许多公园都设有供公众使用的烧烤场，常见的适合户外烧烤的食物包括南瓜、鸡肉、鱼肉、明虾、澳式香肠和各种牛肉片。近年来，澳大利亚人还专门饲养袋鼠、鸸鹋和鳄鱼，这些动物都成了他们的盘中餐。

农牧特产

澳大利亚是一个农业大国，拥有丰富的农牧特产。北部地区以种植热带水果和蔬菜为主，南部地区则盛产谷物、葡萄、西红柿和根茎蔬菜。澳大利亚饲养的牛的数量比人口还多，约有2 600万头肉牛和300万头奶牛——在2011年至2012年期间，牛奶的总产量达到93亿升。当前，澳大利亚还有6 800多万只绵羊，主要饲养在大型的绵羊牧场中，以获取羊毛和羊肉。

在澳大利亚北部地区的一个牧牛场上，当地的土著牛仔正在放牧。

一个年轻人正在船上烧烤。

167

日常生活

作为移民大国，澳大利亚人种众多，对祖国的自豪感和开朗乐观的个性形成了一股向心力，将澳大利亚人紧密地团结在一起。他们中大多数人都喜欢开一些友善的玩笑，对来自其他州市同胞的插科打诨就是这种幽默感的一种体现。比如，新南威尔士州的居民在澳洲的昵称为"蟑螂"。澳大利亚人还经常用反义词来称呼对方，比如形容秃顶的男人为"卷毛"，说性格安静的人是"吵闹的"。

你知道吗？

每年的七八月份，在达尔文市举行的啤酒罐赛舟会上，人们会乘坐完全由空啤酒罐制成的船只航行。

悠闲时光

澳大利亚经济发达，大部分居民的生活条件都较为富足。在闲暇时间，他们通常会去户外放松身心，比如去海边游泳、吃饭，或者在城市公园里散步、骑行和溜旱冰。大多数澳大利亚人都非常重视环境问题，将节约用水作为生活习惯的一部分，比如刷牙的时候会及时关掉水龙头。

冲浪运动是澳大利亚人打发午后时光的好办法。

许多"空中学校"的孩子每天会通过广播收听1—2个小时的教师授课。

校园生活

在澳大利亚，学生接受教育的年龄段在5岁到17岁之间。有的学生并不需要去线下的学校上学，澳大利亚专门为生活在偏远地区的孩子们设置了"空中学校"，通过无线电与互联网来提供身临其境的课堂教育。澳大利亚的中小学通常在每年的1月底或2月初开学，高中生会在11月底或12月初参加期末考试。

澳大利亚日

澳大利亚日是澳大利亚的国庆日，以此纪念1788年1月26日第一批英国移民抵达悉尼湾。每年到了这个日子，澳大利亚人都会举行一系列欢度国庆的节日活动，比如燃放烟火、进行面部彩绘、挥舞国旗以及举办各种音乐节。林肯港的金枪鱼节就是在澳大利亚日这一天举行的，在比赛中，参赛者纷纷投掷金枪鱼，谁投得远，谁就能获胜！

在盛大的澳大利亚日庆祝活动中，灿烂烟花点亮了悉尼的夜空。

169

移民与旅游

澳大利亚是典型的移民国家，有数百万人离开他们的故乡，在这片美丽的土地上安居乐业。尽管澳大利亚与欧洲、北美州和亚洲等大部分地区相距甚远，但每年仍有约600万的海外游客来到这里，有些人来探亲，还有些人来观光，感受澳大利亚气候的温暖宜人和澳大利亚人的热情好客。

大批英国移民踏上"西兰岛号"轮船，准备从利物浦前往澳大利亚。

英国移民

第二次世界大战之后，英国人只需要花10英镑，就可以买到一张前往澳大利亚的单程票。成千上万人漂洋过海，移民到澳大利亚，其中包括成立了闻名世界的乐队的吉布家族，还有澳大利亚历史上首位女总理朱莉娅·吉拉德，她是在1966年从威尔士搬到澳大利亚的。来自意大利、泰国等其他国家的人们也纷纷前往澳大利亚。2011年的人口普查数据显示，在海外出生的澳大利亚人占总人口的1/4以上。

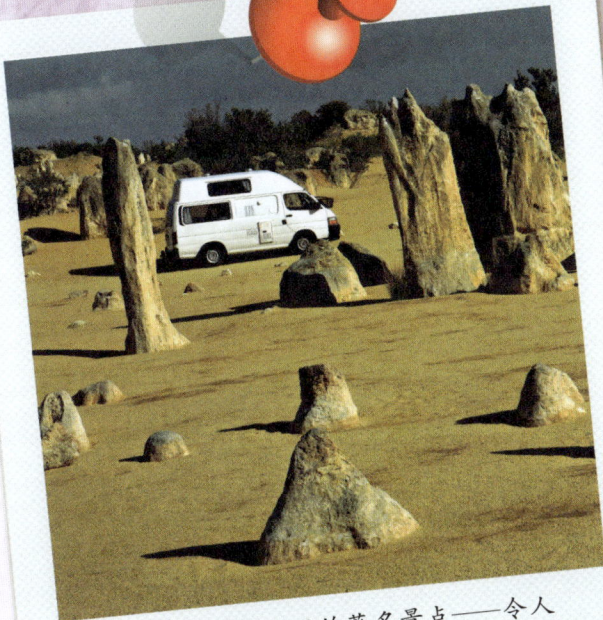

楠邦国家公园的著名景点——令人叹为观止的尖峰石阵。

由于澳大利亚地广人稀，许多景点相距甚远，所以许多澳大利亚人也喜欢国内游，去自己国家的其他地方逛一逛。不少人会在退休之后购买一部房车，花几个月的时间环游全岛。相对而言，大部分的外国游客都是年轻人和背包客，他们会一边旅行一边打零工，并在廉价的旅社过夜。对于游客们而言，最受欢迎的澳大利亚景点莫过于悉尼等大都市、迷人的海滩和大堡礁，当然，去爱丽丝泉等内陆城镇领略沙漠美景也是不错的选择。

国家公园

澳大利亚有500多个国家公园和自然保护区，该国最大的国家公园是卡卡杜国家公园，占地约19 804平方千米，几乎是瑞士国土面积的一半。卡卡杜国家公园最大的特色是草木繁茂的湿地景观，还有令人惊叹的古代石刻和绘画，这些石刻和绘画是4万年前居住在该地区的土著居民遗留下来的。还有一些区域对土著居民而言是圣地，这些遗址都由国家公园进行保护。

卡卡杜国家公园拥有丰富的鸟类资源和古代岩画。

发现南非

欢迎来到南非

出发吧!

欢迎来到南非！这个国家位于非洲大陆的最南端，是非洲最富饶、最发达的国家，拥有美丽的风景和悠久的历史，也是许多野生动物的家园。如果你想见识一下世界上最深的金矿，了解南非的体育事业为什么如此辉煌，还想知道南非都有哪些特色美食，那就继续看下去吧！

小档案

国土面积：1 219 090平方千米

人口：5 962万（截至2020年的统计数据）

首都：比勒陀利亚、开普敦和布隆方丹

国界：长达4 862千米，与6个国家接壤

货币：兰特

国旗：

南非的罗本岛。

帝王花
（南非国花）

跳羚
（南非国兽）

南非的花园大道是每位旅行者都不可错过的地方。这里有着蜿蜒曲折的海岸、茂密的原始森林和明净的湖泊，令人仿佛置身于梦幻之境。

1882年，金伯利成为南半球第一个安装电动路灯的城镇。

山羊塔，顾名思义，就是一座供山羊使用的高塔。这是由南非农民查尔斯·巴克修建的，上面有台阶，他想让自己饲养的一群瑞士山羊"爬爬山"，锻炼一下筋骨。

三大首都

南非是一个不同寻常的国家，比如，绝大多数国家都只有一个首都，而南非却有三个首都！每个首都都拥有不同的政府职能：开普敦是立法首都；布隆方丹是司法首都；比勒陀利亚是行政首都，也是总统府所在地。而且，南非最大的城市并不在这三个首都之中，而是约翰内斯堡，这座城市居住着440多万人口。

上图是通往桌山顶峰的缆车，一辆缆车最多可以搭载65名乘客，缆车到地面的高度是704米。

开普敦：海角之城

在英语中，开普敦是"海角之城"的意思，它依山傍海，风景优美，濒临波光粼粼的大西洋，背枕海拔1 084.6米的桌山，是著名的旅游城市。

开普敦有哪些地方值得一去呢？桌山绝对是不容错过的景点。自从开通缆车后，有2 000多万游客登上桌山的顶峰，饱览壮观的景致。在桌山脚下，还有南非最大的国家植物园——克斯腾伯斯国家植物园，园内栽培了22 000种本土植物，蔚为壮观。

此外，作为南非的第二大城市，开普敦拥有370多万人口，也是南非重要的海港和工业中心。

右图是宁静而祥和的布隆方丹城，它是《霍比特人》和《指环王》的作者J.R.R.托尔金的家乡。

比勒陀利亚：紫葳花城

1855年，被誉为"移民先驱"的马蒂纳斯·比勒陀利乌斯建了这座城市，将它命名为"比勒陀利亚"。它是南非的行政中心，也是总统府所在地。总统府坐落在宏伟的联合大厦内，建于1913年，大厦内有一座钟楼，钟楼报时的乐曲与伦敦的大本钟是一样的。

比勒陀利亚位于约翰内斯堡以北的50千米处，城中有数千棵紫色的紫葳花树，每年10月竞相绚丽绽放，因此，这座城市被称为"紫葳花城"。

布隆方丹：花的源泉

在荷兰语中，布隆方丹是"花的源泉"的意思，城如其名，这座城市的街道两旁排列着成千上万的玫瑰花丛，景色美不胜收。

布隆方丹位于干旱的草原边缘地带，是南非的立法首都和商业中心，也是距离莱索托王国最近的主要城市。莱索托王国是一个独立的国家，由莱齐耶三世统治，它的领土完全被南非所环绕。

这座宏伟的联合大厦的建造历时3年，耗费了大量的花岗岩和混凝土，一共用了1 400万块砖。

你知道吗？

比勒陀利亚拥有世界上最大的足球，它属于卢卡斯兰德电视塔的一部分，直径有24米，重量接近50吨——想象一下，你能踢动它吗？

南非大陆

南非的国土面积是法国的两倍，是英国的5倍。沿海地区地势较低，地域狭窄，有30—240千米宽，与漫长的海岸线接壤。低地与北部高原之间是草原地带，被称为"无树草原"，这个词来自南非荷兰语中的"田野"一词。无树草原覆盖了南非的大部分地区，根据海拔高度的升降，可将南非划分为不同的区域。

这座威风凛凛的哨兵峰是德拉肯斯山脉的一部分，海拔高达3 166米。

南非高原

南非高原位于两亿多年前的古老岩石上，雄伟的德拉肯斯山脉就是高原的一部分。在这里，你可以看到南非大多数的高峰、悬崖孤壁和绵延起伏的草原。高原的西部海拔相对更低，被称为"中原"，分布着大片的牧场，是南非1 300万头牛等牲畜的养殖区。

在南非某片干旱的灌木草原，水洼稀少，动物们正聚集在一个水洼前。

如果你往西边或者西北方向走，就会看到草原牧场变得越来越干旱，土地逐渐荒漠化。这里有纳米布沙漠和卡拉哈里沙漠这两大沙漠，它们的范围跨越了南非的边境。在卡拉哈里沙漠地区，最高温的记录超过了50℃。

南非的东北部是丛林地带，地势偏低，比起卡拉哈里沙漠来，这里气候凉爽湿润。在这里，森林繁茂，灌木与草丛欣欣向荣，生活着许多野生动物。

河流与湖泊

在南非，即使在远离沙漠的地区，水资源依然十分匮乏。南非境内最大的湖泊是克丽茜湖，全长9千米，但只有6米深。南非的主要河流是瓦尔河和林波波河，这两条河也构成了南非与邻国津巴布韦和博茨瓦纳的大部分边界。南非最长的河流是橙河，全长约2 200千米，发源自莱索托王国，向西流经南非与纳米比亚相邻的大片边境区域。

橙河为成千上万的农民提供了土地的灌溉用水。

南非历史

　　这片如今被称为南非的土地，在数万年以前，就是非洲人民的家园。当时，许多非洲部落陆续迁移到这里，其中包括祖鲁人和科萨人的祖先——科伊科伊人和恩古尼人。到了17、18世纪，一批荷兰移民漂洋过海来到开普敦，还从印度尼西亚和印度带来了一些农场工人。他们被称为布尔人，在荷兰语中是"农民"的意思。后来，来自美国、法国和英国的移民也纷纷来到南非。

英国派出30多万士兵参与第二次英布战争，上图是一部分参战士兵。

英布战争

　　19世纪，为了争夺土地所有权，在欧洲移民和非洲土著之间，以及不同的非洲土著之间，爆发了无数次冲突或战争。在1880—1881年和1899—1902年，由于布尔人和英国人都想控制南非，他们打了两场仗，在历史上被称为"英布战争"。英国取得了最后的胜利，1910年，南非联邦成为英国的殖民地。尽管南非人口大部分由当地土著的后裔组成，但他们现在几乎没有土地，也得不到什么权利。

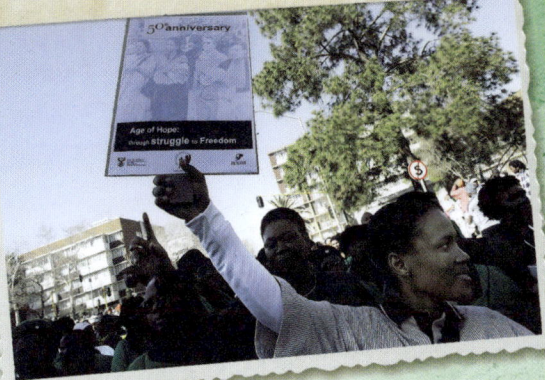

1951年，比勒陀利亚举行了反对种族隔离的抗议活动。2001年，妇女们通过游行来纪念抗议活动50周年。

种族隔离

1948年，南非政府实施了种族隔离政策。根据这项政策，黑人和白人拥有不同的待遇，不管是学校、餐厅、火车车厢，还是公共厕所，黑人都不能跟白人共享，而且黑人的生活条件要简陋得多。大批黑人被迫搬离城市，住到市郊或农村的"黑人居住区"，很难找到工作。为了抗议不公平的种族隔离政策，人们举行了大量的示威活动，但收效甚微。

曼德拉总统

纳尔逊·曼德拉曾经是一名黑人律师，也是著名的反种族隔离斗士。在20世纪60年代初，因为反对种族隔离，他被判处无期徒刑，长期关押在罗本岛的监狱里。27年的牢狱生涯并没有浇灭曼德拉的意志，他成了反对种族隔离斗争的象征人物，得到全世界人民的敬仰。

因为南非黑人遭受了各种暴力与不公正待遇，不少国家深感震惊，拒绝再与南非进行贸易往来，也不允许南非参加重大体育赛事或文化活动。

1989年，在时任总统弗雷德里克·威廉·德克勒克的领导下，局势逐渐明朗化，种族隔离制度开始瓦解，曼德拉也在第二年获释。1994年，曼德拉当选为南非的第一位黑人总统。

纳尔逊·曼德拉是大多数南非人心目中的"国父"。

你知道吗？

纳尔逊·曼德拉入狱后，受到了非人的待遇。他一开始住在罗本岛的一间仅可容身的小牢房里，通常一年只允许接待一名访客，接待时间仅30分钟。

跳羚运动

在种族隔离时期，体育运动也遭到了"隔离"。不过，如今的体育却带给南非人巨大的凝聚力，将他们紧密团结在了一起。无论是运动员还是观众，南非人都对体育运动展现出无比的狂热。当国家运动队和运动员在比赛中取得了好名次，或者南非政府获得了橄榄球、板球和足球世界杯等重大体育赛事的主办权时，举国上下一片欢腾。

多彩体育

世界上还有什么运动是南非人不喜欢的吗？不管是高尔夫、游泳、自行车、田径、冲浪，还是长距离的山地自行车和游泳比赛，他们都乐在其中！南非举办过赛程长达230千米的伯格河独木舟马拉松赛，也举办过从彼得马里茨堡到德班的战友马拉松长跑赛，如果参加了这两场比赛，那么赛后的胳膊和腿一定都会酸痛好久。要知道，战友马拉松长跑赛全程9千米，比连跑两场的马拉松比赛（又称为"背靠背马拉松赛"）加起来还要长，每年约有1.8万名跑者踊跃参加。

在南非山地自行车赛上，一名自行车选手正在长达900千米的越野赛道上疾驰。

板球和橄榄球

在南非的国家队中，板球队和橄榄球队的水平都是世界一流的。

南非的橄榄球国家队也叫作"跳羚队"，在1995年和2007年，曾经两度赢得橄榄球世界杯的冠军。每年的三国赛是南半球规模最大的橄榄球赛，南非将会与澳大利亚队、新西兰队一起争夺冠军。其中，南非公牛队得过三次冠军，它的主场设在比勒陀利亚。

对于南非板球队来说，2012年值得被写入历史。当年，雅克·卡利斯、格雷姆·史密斯和A.B.代·维利尔斯等传奇板球明星汇聚在国家队，这支队伍成为世界上第一支在三大板球赛中都排名第一的板球队，这三大板球赛分别是：板球测试赛、板球单日国际赛（ODIs）和2020赛制板球赛。

2010年，在约翰内斯堡的足球城体育场（又称FNB体育场），共有94 713名球迷观看了南非对阵新西兰的橄榄球比赛。

你知道吗？

2005年，南非橄榄球国家队以134比3的比分击败乌拉圭，取得了有史以来分差最大的胜利。

在比勒陀利亚举行的一场当地比赛中，足球运动员正在争夺球权。

南非小子

19世纪，英国士兵将足球带到南非。如今，足球已经成为南非最受欢迎的运动，好几百万的南非人都在踢足球。所以，当南非赢得2010年足球世界杯的举办权，成为非洲大陆上首次举办世界杯的国家时，人们简直欣喜若狂。

南非足球国家队的绰号是"南非小子"。在南非，顶级的足球赛事是南非足球超级联赛，奥兰多海盗足球俱乐部和凯撒酋长足球俱乐部都在联赛里踢球，是激烈的竞争对手，凯撒酋长足球俱乐部曾经夺得2013年的联赛冠军。

南非农业

在南非，农场的面积要么很大，要么很小。大型农场主要饲养绵羊等牲畜，或者种植农作物，规模非常大，全国的绵羊数量多达2 800万只；而小农场多半位于南非的穷苦农村，家家户户只能靠着几亩薄田、几头牛或山羊艰难度日。

常见农作物

在南非，最常见的蔬菜是土豆，还有西红柿、洋葱和甜玉米。农民们经常会种高粱和茶叶，热腾腾的茶水在当地被称为"灌木茶"。在沿海地区以及东北部的一些地方，非常适合种植菠萝和芒果等热带水果，苹果和梨则主要产于西南部。

路易波士红茶在南非的种植范围很小，却是销往世界各地的重要出口商品。

灌溉系统将水从河流中抽出来，用来浇灌西开普省的农田。

灌溉系统

对于南非农业而言，如何解决水源问题是关键。人们将河流和溪流的水引到农田里，这个过程被称为灌溉。通过灌溉，约有1 300万公顷的农田解决了用水问题，约占南非总用水量的一半。大大小小的旱灾也是农场主们的心腹大患，比如，一场发生在2013年的大旱情，曾导致许多农作物歉收，一些农场不得不被废弃。

下图是开普敦附近的葡萄园。南非的葡萄园面积约占全世界的1.5%。

农产品出口

南非的柑橘类水果产量丰富，一半以上都销往国外。葡萄酒也是南非的重要产品，葡萄园主要分布在西开普省，在2013年，3亿多株葡萄一共加工生产了约8.709亿升葡萄酒，这些葡萄酒以出口为主，收益相当可观。南非其他常见的出口农产品还有甘蔗、花生和葵花籽。

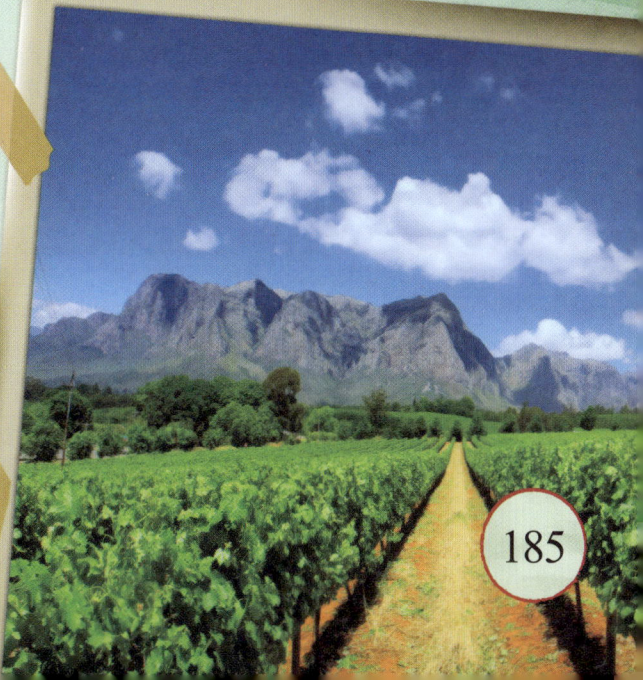

185

彩虹之国

南非是一个人口多元化的国家，被誉为"彩虹之国"。来自不同国家的移民踏上南非这片热土后，与非洲的原住民群体一起，在各自的文化、传统与语言的基础上创造了多姿多彩的人文景观。

黑人后裔

南非约80%的人口由不同种族的黑人组成，包括祖鲁人、科萨人、茨瓦纳人、巴佩迪人和恩德贝勒人。此外，还有生活在卡拉哈里沙漠的桑人，他们是南非一些最早的原始部落的后裔。

南亚后裔

南非约2.5%的人口来自南亚。他们的祖先一部分是150多年前被带到种植园工作的印度劳工，另一部分是后来到南非做生意的南亚商人。在德班附近有一个小镇，叫凤凰城，是南非最大的印度人聚集地，人口超过17万。

一位穿着传统服饰的祖鲁人。

一位住在南非西部的白人农民正站在他的橘子树旁。

祖鲁族

祖鲁族是南非最大的一个民族，约占南非人口的20%。在一些重要仪式等场合，祖鲁族人会穿上传统服装，这些服装以美丽而繁复的珠饰而闻名。

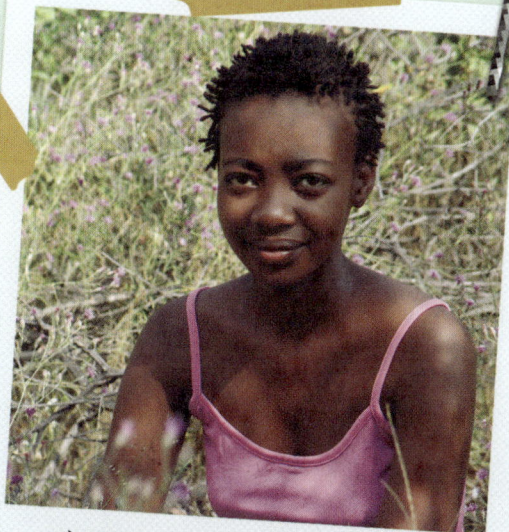
上图是一个年轻的茨瓦纳女孩。在南非，生活着约300万茨瓦纳人。

欧洲移民

南非约有450万白人，其中一些是荷兰或德国殖民者的后裔，他们现在说的语言是南非荷兰语；另一些来自英国、葡萄牙、希腊和法国，说自己国家的语言。

官方语言

在南非，官方语言可远远不止一门哦！英语、南非荷兰语、恩德贝勒语、北索托语、索托语、斯威士语、茨瓦纳语、宗加语、祖鲁语、文达语和科萨语都属于南非的官方语言，一共有11门。其中使用最广泛的是祖鲁语、科萨语和南非荷兰语。

南非乡村的孩子们也拥有快乐的童年。

吃在南非

南非除了异彩纷呈的民族和文化，移民浪潮也带来了新的农作物和食谱，从而诞生了各种风味的美食。在吃这一方面，南非也有着巨大的贫富差距：不少南非人就在路边摊或市场里解决肚子问题，而许多有钱人却可以在大城市的高级餐馆自由出入。

你知道吗？

莫帕尼虫可不是什么小虫子，而是又肥又丑的毛毛虫！南非人会把它们的肠子清理干净，然后晾干或油炸，做成酥脆的小零食。

美食大熔炉

南非的许多美食非常独特，将非洲的食材和亚洲的风味相融合，这在其他地方可是难得一见哦！比如面包碗咖喱，就是在挖空的面包卷中加入印度产的咖喱，还有用南非烤肉的方法烘烤的鳄鱼肉，是不是很神奇？至于咖喱鱼、米饭和咖喱肉酱派，也是亚洲风味的南非特色美食。咖喱肉酱派看起来像英国的传统美食——牧羊人派，区别在于，咖喱肉酱派中的肉酱会用咖喱粉调味，里面有葡萄干、苹果和杏仁，上面还加了鸡蛋。

右图是一道新鲜出炉的咖喱肉酱派，它经常和一种叫作参巴酱的辣椒酱搭配食用。这道菜的食谱首次出现在1609年荷兰的一本书中。

传统美食

在欧洲移民到来之前，南非的原住民吃的是一些本土的传统食物，这些菜谱一直流传到了现在。比如，对许多贫穷的南非人来说，浓稠的玉米粥是赖以果腹的主食，他们将磨碎的玉米粉熬煮成粥，有时候还会在里面加上蔬菜或炖肉。南非人还会用胡萝卜、洋葱、辣椒和醋做成酸辣酱，叫作查卡拉卡，可以作为配粥的佐料。此外，三脚铁锅炖菜也是传统的南非美食，顾名思义，这道菜是用烧热的三脚铁锅炖煮而成的，锅里放入满满的肉和蔬菜，一般用煤或木头生火。

右图是一锅冒着热气的三脚铁锅炖菜，在汤汁沸腾之前不需要多加搅拌。

肉类盛宴

大部分南非人都喜欢吃肉，比如巨型牛排、羊排，还有鸵鸟、鳄鱼和羚羊等野生动物的肉。在南非，肉类的烹调方式多种多样：有些肉类，尤其是牛肉，会经过风干处理，并加上香料调味，制成一种叫作比尔通的小吃，口感鲜美耐嚼；有些会做成手工香肠，叫作布尔香肠，以辣味为主，通常卷成螺旋形；还有些肉类会先在酱汁中浸泡一整晚，然后串成串进行烘烤，这种烤羊肉串或牛肉串叫作索沙提。

在索韦托镇，一个露天肉铺正在准备新鲜的肉食品。

比尔通牛肉很耐嚼，可以充分锻炼你的下颌肌肉哦！

贫富差距

经历了几个世纪的殖民史，南非国内的绝大部分财富都集中在了少数人手上，大多数人只能在贫困线上挣扎。在南非，穷人和富人的生活方式差异很大。

南非的高级住宅区坐落在可以俯瞰大海的山坡上。

贫富鸿沟

1994年，南非举行了历史上的首次全民选举，这令更多南非人的基本生存需求得到了满足，比如，他们终于能喝上清洁的水，家里也通了电。但是，南非的贫富差距并没有因此缩小，反而变成了一道鸿沟。南非有4.8万多个百万富翁，许多含着金汤匙出生的人从来不用为钱发愁，他们的人生一片坦途。与此同时，南非有1/4的人口找不到工作，处于失业状态，有几百万名穷人的日均收入不到1英镑。

拾荒者

南非的穷苦百姓通常生活在城郊，过着一贫如洗的日子。许多人住在棚户区，家里没有通电，也没有自来水，治安很差，经常会发生暴力犯罪事件。据统计，约有8.8万名南非人以拾荒为生，他们在大型的垃圾场里游荡着，寻找可以卖钱的金属等废品。这种活儿十分危险，因为他们很可能会被锋利的金属及玻璃割伤，或者接触到有毒的化学品。

索韦托镇曾经是黑人居住区，右图是镇上用瓦楞铁皮搭建的独户住宅。

教育事业

　　以前，南非有几百万的穷人负担不起私立学校的学费，他们几乎没有受过教育。不过，南非政府正在大力发展教育事业，2013年，政府将21%的国家财政预算用于教育领域，包括拨款给南非大学等高校。南非大学位于比勒陀利亚，拥有约35万名学生，是南非规模最大的大学。

在南非，7—15岁的儿童需要接受义务教育。

野外世界

南非大陆上分布着各种各样的野生动物，是动物爱好者的天堂。这里有240多种不同的哺乳动物，比如非洲食蚁兽和斑马，还有300多种鸟类和约100种蛇类，其中1/4的蛇类都是有毒的，千万要小心！近年来，为了保护一些濒危物种，南非政府采取了一系列措施，也取得了不错的成效。比如，在1920年，南非只有120头大象，现在已经增加到约12 000头。

克鲁格国家公园的占地面积超过19 600平方千米，几乎和英国的威尔士一样大。

你知道吗？

当企鹅出现在南极洲，谁都不会觉得稀奇，不过，如果它们出现在南非呢？事实上，真的有非洲企鹅生活在南非的沿海地区，数量还达到了4万—4.5万只！

野生动物

每年有800多万名游客来到南非，大部分人都是冲着国家公园的野生动物来的。最受欢迎的是这5种动物：狮子、非洲大象（体重可达6吨）、猎豹、犀牛和非洲水牛。

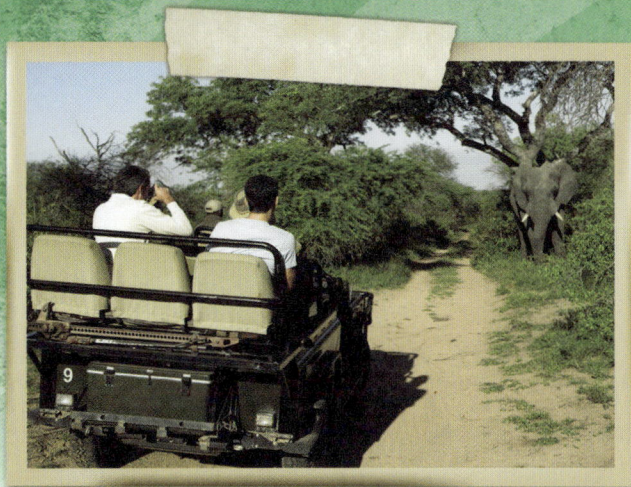

游客们坐在国家公园的游览车上，正在给大象拍照片。

国家公园

由于农业、工业与采矿业对土地的侵蚀，南非一些野生动物的栖息地遭到了破坏，再加上狩猎和环境污染，许多动物的数量急剧减少。幸好，南非人已经意识到问题的严峻性，开始着手保护动物和它们的家园。

现在南非拥有19个国家公园，总面积约为37 000平方千米。除了国家公园，南非还有约500个规模较小的自然保护区，它们都是野生动物们繁衍生息的避风港。

南非水牛

神奇的动物

除了上面提到的5种动物，南非还有许多名气很大的动物，比如红海龟、体格魁梧的河马，以及世界上最高的动物——长颈鹿，它们可以长到5.5米高。此外，还有狒狒、秃鹫、羚羊、角马、丛猴……南非的野生动物真是数不胜数！当然，别忘了我们的赛跑冠军——猎豹，它们是世界上奔跑速度最快的陆地动物，在野外奔跑时可以达到90千米/小时的速度。

狮子

犀牛

不管是犀牛还是南非其他的大型猫科动物，请牢记观赏的原则：只许远观，不可近前！

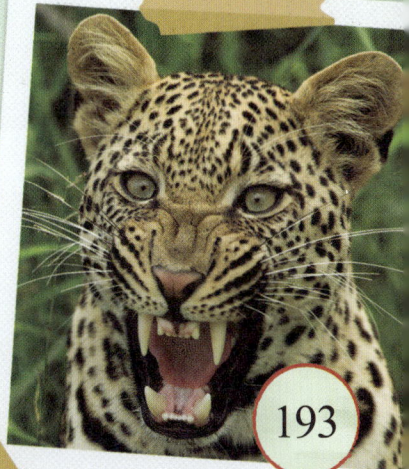

193

黄金与钻石

闪闪发亮的黄金和钻石，是不是非常诱人？这些美丽的矿产给南非带来了巨大的财富。在19世纪80年代，南非的威特沃特斯兰德发现了蕴藏丰富的金矿，由此引发了"淘金热"。成千上万的寻宝者蜂拥而至，矿区逐渐发展为一座大城市，也就是我们熟知的约翰内斯堡。从那时起，除了煤炭和别的金属矿产，南非也成为金矿的重要开采国。

你知道吗？

在当今世界，1/3的黄金产量都来自南非。

在萨武卡金矿，一名金矿工人正在地下3 000多米深的地方钻探岩石。

淘金热

如今，南非开采的大部分黄金，都来自位于地底深处的矿山。有些矿山，比如姆波能矿山、东兰德矿山和陶托那矿山，地下深度都超过3 000米，矿内的温度可达60℃。从地底返回地面时，矿工们需要乘坐1小时的电梯，当地人管这种电梯叫作"罐笼"。

从金伯利的"大洞"里已开采出超过1 450万克拉的钻石。

熠熠生辉的钻石

1867年，在橙河附近，15岁的伊拉斯谟·雅各布斯无意中捡到了一块"石头"，这就是在南非发现的第一颗钻石。从那时起，来自地下的钻石源源不断地"重见天日"。在金伯利的钻石矿坑"大洞"里，就曾经开采了总量超过2 700千克的钻石。这个大洞宽453米，深度超过210米，被认为是世界上最大的人工挖掘坑洞。

世界上最大的钻石叫作库利南钻石，1905年在南非被发现。这块价值连城的钻石重达3 106.75克拉（1克拉=0.2克），这是什么概念呢？有些10克拉重的钻石，售价就超过了50万英镑！后来，库利南钻石被秘密运往欧洲，镶嵌在英国王室的皇冠上。

矿产资源

南非不仅仅只有黄金和钻石，它还拥有铁矿石、铜、银和钛等矿产资源，也是世界上最大的铂和铬的生产国，这两种金属都用于工业领域。

南非的煤炭开采量也很大，不仅为南部地区提供了主要燃料，还能大量出口，出口量在全世界排名前五。

由于矿井通常都很深，伸手不见五指，又不能携带无线电或手机，南非矿工们为了相互交流，发明了"胶靴舞"。这相当于一种暗语，他们的脚上都穿着胶靴，通过不同节奏的跺脚，来代表不同的含义。

帕拉博拉铜矿非常大，洞口宽度有2 000米。

海岸风光

南非约有2 800千米长的海岸线，它的一边是印度洋，另一边是大西洋，两个大洋的交界点是厄加勒斯角，这里既是南非的最南端，也是整个非洲大陆的最南端。在沿海地区，常见的娱乐活动是观赏鲸鱼和鲨鱼，和海豚一起游泳。海洋也为渔民、港口工人和旅游从业者提供了许多就业机会。

冲浪城市

在南非的海岸，冲浪是一项很受欢迎的活动，其中最著名的冲浪胜地非德班莫属。德班又被称为"冲浪城"，像丰盛湾、牛奶海滩都是不错的冲浪点，还有大名鼎鼎的黄金里程海滩。1892年，南非从日本引进了人力车，从此以后，人力车就成了重要的交通工具。为了招揽生意，许多人力车夫都穿着传统的祖鲁服装，戴着头饰。

在德班，真正的祖鲁族人力车司机屈指可数。在100年前，大约还有2 000人。

海港工业

德班是南非最大的港口，除了德班，伊丽莎白港和理查兹湾港也是重要的港口。港口是对外贸易和运输的中转站，南非有三大贸易伙伴——中国、日本和美国，就是依靠这几个港口来出口金属和机械，进口食物、油和化学品的。

南非的渔业十分发达，年捕捞量超过60万吨。渔业主要集中在大西洋沿岸，那里盛产凤尾鱼、鳕鱼和金枪鱼等多种鱼类。

大西洋的拖网渔船停靠在开普敦附近。

一只大白鲨好奇地凑到鲨鱼笼前，里面就是被笼子保护起来的游客。

你知道吗？

想和大白鲨来个亲密接触吗？南非有一个付费的旅游项目，就是把游客关进金属笼子里，沉入鲨鱼出没的深海，然后慢慢地靠近这些可怕的捕食者……

沙丁鱼迁徙

每年的5月到8月，大规模的沙丁鱼会沿着南非东海岸漫长的浅滩，向北洄游，这一自然奇迹被称为"沙丁鱼迁徙"。这些数以百万计的沙丁鱼群总长约7千米，蔚为壮观，与此同时，海鸟、鲨鱼、海豚、海豹等捕食者正虎视眈眈地守在沿岸，迎接着这顿来自海洋的自助盛宴。这是大自然创造的奇观，非常值得一看。当沙丁鱼迁徙的时候，你可以拨打相关热线电话，咨询它们是否会途经你所在的地方，如果会的话，就可以去围观一番了。

节日庆典

南非人最喜欢玩什么？答案是：开派对！无论是节日、假日，还是每年各种各样的庆祝活动，人们总是欢呼呐喊、载歌载舞，格外珍惜欢聚一堂的机会。

你知道吗？

在伍斯特镇，有一个关于踩葡萄的节日。当天，约有70支队伍在大桶里踩葡萄，在规定的时间内，比一比哪支队伍踩出来的葡萄汁最多。

4月27日　南非自由日

纪念南非首次举行全民选举的日子。

3月21日　南非人权日

纪念1960年3月21日发生在南非沙佩维尔镇的“沙佩维尔惨案”。

8月9日　南非妇女节

纪念1956年8月9日这一天，大批妇女上街游行，抗议当局的种族隔离政策。

美食节

南非有许多与美食和美酒相关的节日，比如索韦托啤酒节，还有比勒陀利亚一年一度的常绿辣椒狂欢节，在这个狂欢节上能品尝到最辣的辣椒。在东萨默塞特镇，还有一个以肉干为主题的节日，叫作比尔通节。

部落庆典

许多非洲部落都有自己的节日和传统习俗，比如兰加一年一度的科萨艺术节、文达族在芳杜济湖旁跳蛇舞，还有祖鲁族盛大的芦苇舞。说到芦苇舞，每年9月，成千上万的祖鲁人会聚集在距离德班350千米远的诺戈马，约有1.5万名年轻的祖鲁族少女每人携带一根芦苇，在祖鲁国王面前跳舞。

新年第二天

历史上，在荷兰殖民者庆祝新年的那一天，奴隶和仆人会继续工作，等到第二天才能休假。渐渐地，"新年第二天"就演变成了开普敦的一个多姿多彩的节日，在每年的1月2日举行，被称为"第二个新年"。当天，约有18 000名穿着奇装异服的吟游诗人参加城市游行，他们手里拿着乐器或雨伞，在围观人群前展现自己的风采。

右图是开普敦的一群身穿缤纷服饰的吟游诗人。他们当中会评出最佳着装奖和最佳歌手奖。

图片版权说明

《绕着地球去发现》（上册）图片版权说明如下：

P60图（布料大厅）、P61上图（马尔博克城堡）、P88图（福雷斯特塔）、P89上图（彩虹全景装置）来自"图虫创意"网站。

P2图（凯旋门）、P30图（勃兰登堡门）、P31上图（柏林电视塔）、P56上图（卢浮宫）、P56下图（柏林博物馆岛）、P57上图（奥斯维辛集中营遗址）、P57下图（莱茵河谷）、P116图（比萨斜塔）、P142上图（阿美琳堡王宫）、P142下图（多洛米蒂山）、P143上图（南非克鲁格国家公园）、P143下图（十二使徒岩）、P146图（袋鼠）、P174图（南非罗本岛）来自网站https://pixabay.com/zh/。

本册其他图片均由英国霍德与斯托顿出版公司授权使用。

原版书图片版权说明

Unpacked: Denmark

Picture acknowledgements: All images and graphic elements courtesy of Shutterstock except: p18 and pp20-21 (t) Corbis.com.

Unpacked: Italy

Picture acknowledgements: All images, including cover images and graphic elements, courtesy of Shutterstock except: p5 © Luca Zennaro / epa / Corhis(br); p7 © 1001nights / iStock (b); p10 © carterdayne / iStock (tl); p11 © Sjo / iStock (tr), © Bloomberg via Getty images (r); p12 © SerafinoMozzo (br); p13 © igorDutina (t1); p14 © Bloomberg via Getty images (l); p19 © Peter Barritt / SuperStock / Corbis (tr); p21 © Daniel Dal Zennaro / epa / Corbis (l); p24 © . Angelafoto / iStock (r), © Angelafoto(l); p25 © Massimo Merlini / iStock (t); p28 © Lifesizeimages / iStock (tl), © Francis G. Mayer / Corbis (tm).

Unpacked: Australia

Picture acknowledgements: All images and graphic elements courtesy of Shutterstock except: cover (main) © Michael Dunning / Getty Images; P5 (left) © Chris McLennan / Getty Images; p7 (bottom) © Nicolas Chevalier / Getty Images; p15 (bottom) © Ashlee Ralla / Getty Images; p16 © John Gollings / Arcaid / Corbis; p21 (bottom) © Roger Garwood & Trish Ainslie / Corbis; p23 (top) © Marianna Massey / Corbis; p23 (bottom) © Sylvain Grandadam / Robert Harding World imagery / Corbis; p24 © Penny Tweedie / Corbis; p25 (bottom) © Alexander Nicholson / Getty Images; p27 (top) © Patrick Ward / Corbis; p28 © Hulton Deutsch Collection / Corbis.

Unpacked: South Africa

Picture acknowledgements: All images, including cover images and graphic elements, courtesy of Shutterstock except: p5 © Charles O'Rear / Corbis (l); © Kim Sayer / Arcaid / Corbis (r); p7 © iStock / Stuart Fox (t); p9 © Onne vander Wal / Corbis (b); pl0 © iStock / duncan1890; p11 © AFP / Getty Images (t); © iStock / EdStock2 (b); p12 © Getty Images; p14 © MiKE HUTCHiNGS / Reuters / Corbis; p18 © David Murray and Jules Selmes; p21 © Getty Images (t); © Forest Woodward (b); p24 © Michael S. Lewis / CORBIS; p26 © lan Trower / JAI / Corbis; p29 © James Sparshatt / Corbis (t); © iStock/THEGIFT777 (b).

图书在版编目（CIP）数据

绕着地球去发现：上下册 /（英）克莱夫·吉福德，
（英）苏西·布鲁克斯著；张灵羚译. -- 成都：四川文
艺出版社，2023.6

ISBN 978-7-5411-6632-7

Ⅰ. ①绕… Ⅱ. ①克… ②苏… ③张… Ⅲ. ①世界史
－文化史－儿童读物 Ⅳ. ①K103-49

中国国家版本馆CIP数据核字(2023)第082754号

版权登记：图字 21-2023-44 号

Unpacked: France
First published in 2013 by Wayland Copyright©Wayland,2013
Unpacked: Denmark
First published in Great Britain in 2015 by Wayland Copyright©Wayland,2015
Unpacked: Poland
First published in Great Britain in 2015 by Wayland
Copyright©Wayland,2015
Unpacked: Denmark
First published in Great Britain in 2015 by Wayland Copyright©Wayland,2015
Unpacked: Italy
First published in 2013 by Wayland Copyright©Wayland,2013
Unpacked: Australia
First published in 2013 by Wayland Copyright©Wayland,2013

Unpacked: South Africa
First published in 2014 by Wayland Copyright©Wayland,2014
Unpacked: India
First published in 2013 by Wayland Copyright©Wayland,2013
Unpacked: Croatia
First published in Great Britain in 2015 by Wayland Copyright©Wayland,2015
Unpacked: Mexico
First published in Great Britain in 2015 by Wayland Copyright©Wayland,2015
Unpacked: Brazil
First published in 2013 by Wayland Copyright©Wayland,2013
Unpacked: Portugal
First published in 2014 by Wayland Copyright©Wayland,2014
Unpacked: Spain
First published in 2013 by Wayland Copyright©Wayland,2013

RAO ZHE DIQIU QU FAXIAN (SHANGXIA CE)

绕着地球去发现（上下册）

[英]克莱夫·吉福德　[英]苏西·布鲁克斯　著

张灵羚　译

出 品 人	谭清洁
选题策划	北京斯坦威图书有限责任公司
编辑统筹	李佳铌
责任编辑	陈雪媛
封面设计	WONDERLAND Book design 仙境 QQ:34581934
责任校对	段　敏

出版发行　四川文艺出版社（成都市锦江区三色路238号）
网　　址　www.scwys.com
电　　话　010-82561773（发行部）028-86361781（编辑部）

印　　刷　河北鹏润印刷有限公司

成品尺寸	203mm×257mm	开　本	16开
印　张	24	字　数	200千字
版　次	2023年6月第一版	印　次	2023年6月第一次印刷
书　号	ISBN 978-7-5411-6632-7		
定　价	198.00元（全2册）		

绕着地球去发现

[英]克莱夫·吉福德 [英]苏西·布鲁克斯◎著 张灵羚◎译

下 册

四川文艺出版社

目录

❸ 发现墨西哥

❹ 发现巴西

5 发现葡萄牙

❻ 发现西班牙

发现印度

欢迎来到印度

欢迎来到印度！从地图上来看，这个国家的轮廓就像是位于亚洲南部的大三角形。在现实生活中，印度是一个有"魔力"的国度，群山巍峨、建筑宏伟，大街小巷散发着浓郁的香料气息，每逢雨季，丰沛的雨水就在屋顶上奏起交响乐。印度是个色彩之国，到处都是五彩斑斓的，你还可以见到香味四溢的咖喱、琳琅满目的手工艺品和疯狂的板球爱好者，这些都是印度的"标志"。准备好了吗？在这趟印度之旅中，让我们一起追踪老虎、与人力车赛跑、欣赏风靡全球的宝莱坞舞步吧！

出发吧！

小档案

国土面积：约298万平方千米

人口：13.9亿（截至2022年9月的统计数据）

首都：新德里

国界：长达14 103千米，与6个国家接壤

货币：卢比

国旗：

曼萨加尔湖中的"水宫"。

印度的达尔湖位于喜马拉雅群山之上，海拔1 000多米，湖泊的河岸线绵长，周边有各类酒店和公园。

印度是国际象棋、"蛇与梯子"（一种益智游戏）和瑜伽的发源地。印度人还发明了一种大笑瑜伽，大家聚在一起，通过大笑来舒缓压力。

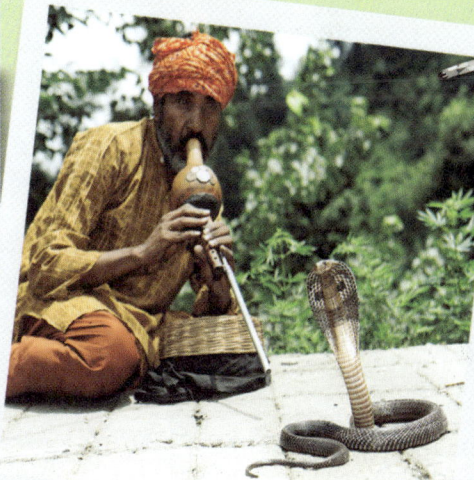

不要被眼镜王蛇的外表迷住了，它噬咬时释放的毒液足以杀死20个人！

从零到十几亿

　　印度是一个花团锦簇的国家，人口众多，差异性显著。没人能说清古印度人是从何时开始繁衍生息的，但是，所有人都知道，在印度这片土地上，诞生了举世闻名的古老文明——古印度文明。如今，有十几亿人口居住在印度，这就相当于地球上的每7个人中，就有1个是印度人。

你知道吗？

英语中的许多单词来自印度语，举几个例子吧：睡衣（pyjamas）、工装裤（dungarees）、洗发水（shampoo）、平房（bungalow）和手镯（bangle）。

印度首都新德里的一条街上。

古印度河流域

1856年，一些铁路工人在印度河流域挖出了一些旧砖。考古研究表明，它们属于一个拥有5 000年历史的小镇。生活在这片区域的古印度人曾经建造了多座巨大的城池，城内包括堡垒、水井和家用厕所等设施。他们还发明了自己的语言，进行农业种植与商品贸易。毫无疑问，印度这个国家的名字正是来自印度河。

在现在的巴基斯坦境内，依然能看到古印度河流域一些城市的遗迹。

政权更迭

几个世纪以来，印度政权经过了多次更迭。在16、17世纪，莫卧儿王朝鼎盛一时，当时的皇帝修建了一座伟大的纪念陵墓——泰姬陵。18世纪，英国的东印度公司攫取了印度的管辖权，将英语定为官方语言，不久后又把印度纳为大英帝国的殖民地之一。正是从那个时候起，印度开始修建第一条铁路，也掀起了板球运动的热潮。

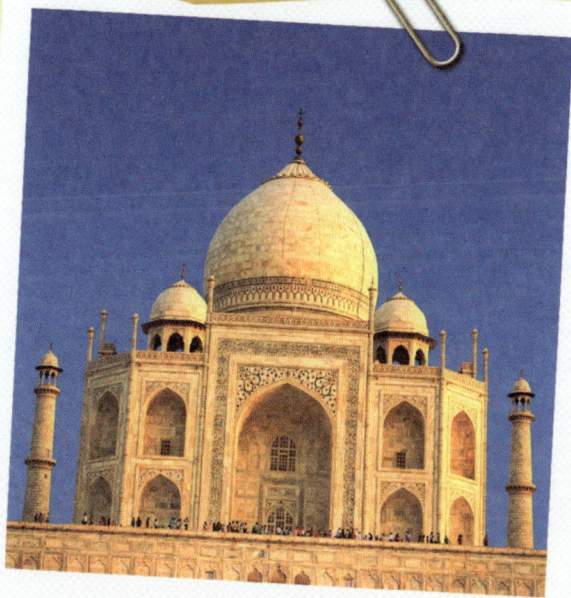

为了建造泰姬陵，印度皇室一共动员了20 000名工人和1 000头大象。

印度风光

想象一下，假设有十几亿人一起从某地出发，前往另一个地方，会是怎样一番拥挤的场景？幸好，并不是所有印度人都会同时出行。但是，在印度，你有时还是会产生这种错觉！公共汽车站和火车站到处都是一片喧闹、繁忙的景象，汹涌的人群为了车票和座位而争夺不休。即使车上已经满员了，依然会有更多的乘客试图挤进车厢，有些乘客甚至不得不"挂"在车厢外！如果你是个聪明的游客，那么，请预订好座位，提前到达，并做好随时可能出状况的心理准备。

你知道吗？

印度的铁路线总长度约为67 000千米，这相当于绕着地球走一圈半还多。

疯狂的人力车

"坐稳了！"对于乘坐印度人力车的乘客来说，这是一个很好的建议。这些灵活的机动车辆也被称为"嘟嘟车"，它们总是在交通信号灯之间大胆穿梭，时常超车——不管是公交车、小轿车，还是街上的牛。有时候，它们与前车的距离几乎近在咫尺，还常常在刹车前狂按喇叭……在印度街头，如此疯狂的人力车"竞赛"比比皆是，有些胆子大的乘客会把这种经历当作了不起的冒险来吹嘘。当然，如果你足够勇敢的话，坐人力车不失为体验印度生活的一种方式。

在印度，出行打车的选择是多样化的，除了人力车，也可以选择机动三轮车。

在果阿的火车上，你可以欣赏到图中的美景。

印度铁路

在印度，每天有超过2500万旅客搭乘火车。火车车厢分为无须预订但需要抢座位的普通车厢和铺着地毯的头等卧铺车厢（AC车厢），但无一例外的是，车厢里总是人满为患。对于普通旅客来说，不管是乘坐喜马拉雅蒸汽火车，还是高速列车，每一次火车旅行都是一趟历险。不过，别担心自己会挨饿，因为过道上时常会有摊贩来兜售茶水和零食。

入乡随俗

在交通出行方面，印度人发挥了极大的创造力。如果你看到一家人骑着同一辆摩托车，或是一辆自行车上载满了人，请不要感到惊讶。在印度北方的山区，常见的交通工具是嘎吱作响的共享吉普车；而在南方的喀拉拉邦，可以乘坐"米船"，顺着静静的河流往前漂流。印度的出行方式真的是五花八门——骑骡子、骑骆驼或骑大象，等等，或者，像许多印度人一样，走着去！

在印度，如果你买了一张共享吉普车的车票，可能会坐在车里，也可能会坐到车顶！

板球运动

一到印度，你可能会觉得马路上的喇叭声很嘈杂，但是，这完全比不上印度人围观板球比赛时发出的叫喊声。当板球队员成功击球时，整个场地就如同沸腾了一般，连印度的国民运动——曲棍球，和源于印度的现代马球等非常受欢迎的运动，都无法与板球相提并论。对于印度人而言，板球就是日常生活的一部分，不管是观看比赛、上场打球还是聊聊板球相关的话题，都能令他们感到血脉偾张、心跳加速！

蓝衫球员

在18世纪，英国人将板球这项运动带到了印度大陆。1932年，印度板球队参加了第一场对抗赛，但是他们输了比赛。今时不同往日，印度在对抗赛中排名世界第三，在国际性单日比赛中排名世界第一。印度的板球运动员身着蓝色球衫，深受印度百姓的崇拜。就连他们的对手也承认，印度如今已是板球超级大国，沙奇·德鲁卡和苏尼尔·加瓦斯卡等印度球员是板球比赛史上最优秀的运动员。

印度板球队前队长苏雷什·雷纳挥动球棒，庆祝胜利。

世界上最高的板球场位于印度北部的查尔，海拔高达2 444米。如果你喜欢在高海拔的地方运动的话，那里还有一个马球场。

2020赛制

印度板球超级联赛（Indian Premier League，简称为IPL）采取"2020"赛制，这是一种以20轮比赛为限的较短的赛事，与其他板球比赛区别很大。IPL是印度最受欢迎的锦标赛，也是板球界最豪华的赛事，为顶级的国际球员开出了天价的比赛费用。全世界的板球迷们都守在电视前观看IPL，2010年，它成为首个在YouTube（优兔）上直播的体育赛事。

当国歌奏响时，所有球队都立正站好。

如果你想成为板球界的明日之星，就必须努力练习。

街头板球

在印度，不管是干涸的河床、后巷、海滩，还是其他任何一块狭长的土地，都会被用来打板球。堵车的时候，孩子们甚至会在路上打球，一边用力击球一边等着交通恢复。街头的板球运动不需要遵守什么官方规则，门柱可以用箱子、砖块或瓶子充当，一根简单的棍子也可以作为球拍。

野外奇观

在印度这个人口大国，动植物是如何与人类和谐相处的呢？事实上，这个国家的森林覆盖率已经大不如前，无数树木被砍伐，为农田、城市和道路腾出空间。如今，许多印度本土的物种处于濒临灭绝的境地，不过，如果你善于野外观察，仍然会有一些令人惊喜的发现。

在印度，大象是一种神圣的动物，有些大象还会被圈养在寺庙里。它们的食量很大，每天能吃约150千克的食物，它们记忆力极佳，长途迁移的时候从不迷路。

色彩斑斓的孔雀是印度的国鸟。对于孔雀而言，雄性会更受欢迎，因为雄孔雀的羽毛非常美丽。

狭吻鳄是一种嘴型偏狭的鳄鱼，一定要当心它锋利的牙齿。雄性狭吻鳄在鼻孔上方有隆起物，所以它能发出奇怪的嗡嗡声。

印度的国花是荷花，这种花通常会被误认成睡莲。荷花象征着财富和生育能力，对印度人来说是一种神圣的植物。同时，荷花也是一种流行的文身图案。

红树林是生长在印度沿海的沼泽森林地带的乔木或灌木，因为根部盘根错节，所以，它们看起来就像是立在水面上的柱子。

孟加拉虎习惯在夜间捕猎，在黑暗中的视力是我们人类的6倍。它们的吼声远在3千米之外也能听到，不过你能不能看到它们，那就是另一回事了——因为在自然界，孟加拉虎身上的条纹是很好的伪装。

高山、河流与雨林

如果将印度的海岸线和岛屿延伸成一条直线，它的总长度会比从伦敦到德里的距离更远。印度拥有丰富多样的自然景色，境内遍布着海滩、沼泽、悬崖、山川、沙漠和雨林等，总之，你所能想象到的绝大多数景观，在这里都能找到。至于印度大陆是如何诞生的，那就要追溯到5 000多万年以前——当时，一块漂浮的陆地与亚洲大陆碰撞在了一起，听起来是不是很神奇？

在高耸的喜马拉雅山上，一年四季都在下雪。

喜马拉雅山脉

在藏语中，喜马拉雅山脉的意思是"雪的故乡"。当你爬上山巅之后，就觉得自己如同置身云端。虽然专业的登山者有能力登顶，但他们还是会在离山顶不远的地方停下，因为山顶对当地人来说是神圣不可侵犯的。像我们这些普通的爬山爱好者，可以尝试着在海拔较低的山谷间骑山地自行车、徒步旅行，或者过一把白水漂流的瘾。事实上，光是欣赏这绵延2 400千米的皑皑雪山风光，便不虚此行了。

湿润的雨季

如果你在6月到9月之间去印度，请记得带上雨衣。此时的印度正处于雨季，随着潮湿的季风把水汽吹往全国各地，棕褐色的印度大陆也换上了绿意盎然的新装。雨季伊始，印度会持续下好几天的倾盆大雨，放晴后，就迎来了高温闷热的天气。每年的这个季节，一场阵雨会令人神清气爽，但也可能引发破坏力极强的洪涝灾害。

在印度的雨季，街道上经常泛滥成灾。

"母亲河"恒河

有4亿多的印度人生活在恒河畔，这条河流不仅是工农业用水的水源地，同时也是人们沐浴和祈祷的圣地，每天都有成千上万的人前来净身。因此，恒河被誉为印度人的母亲河。然而，每天约有10亿升未经处理的污水被排入河内，这导致恒河的水质每况愈下。

瓦拉纳西市位于神圣的恒河岸边，每天都有成群结队的人来到这里。

你知道吗？

喜马拉雅山脉正在不停地"长高"哦！在地球内部发生的板块运动，每年都会将山脉向上推几厘米。

13

农牧生活

　　假如问印度人这样一个问题：你们来自哪里？即使对方已经是城里人，他们的答案也往往是自己家族所在的村庄。约有7/10的印度人生活在农村地区，他们都非常热爱自己脚下的这片土地。在印度所有的劳动力中，农民的数量也占了一半的比例，大多数人的耕田都分布在肥沃的恒河平原上。不过，尽管庄稼收成很好，但是光凭种田很难养活一大家子的人，许多印度农民都十分贫穷。

采茶工通常都是女性。

常见作物

　　印度人耕种的作物很多，其中规模最大的粮食作物是水稻。在碧绿的水田里，你会看到躬耕的农人们正蹚着水，进行播种、收割，或者撒上牛粪，给田地施肥。印度生长着各种各样的水稻，是仅次于中国的第二大水稻生产国。

　　印度的另一大经济作物是茶叶。群山起伏的大吉岭盛产茶叶，这里的红茶号称"红茶中的香槟"，如果你喜欢更浓郁的口感，可以去阿萨姆邦尝尝那儿的红茶。

印度的农业用地几乎覆盖了全国2/3的面积，约是英国国土面积的8倍。

为了避免洪水侵袭，一些乡村的房屋建在柱子上。

游牧民族

在游客们看来，骑骆驼是一项有趣的娱乐项目，对于塔尔沙漠的游牧民族而言，这与他们的日常生活密不可分。事实上，游牧民族的衣食住行都离不开骆驼，他们会好好地利用骆驼奶、骆驼肉和骆驼毛。这些人四处流浪，逐水而居，懂得因地制宜，一边放牧绵羊、山羊和牛，一边也种植水果、玉米以及其他农作物。当沙漠里举办节日的时候，牧民们会载歌载舞，吹笛耍蛇，还会举行骆驼的最佳装扮奖比赛，非常值得一看哦！

在塔尔沙漠，骆驼就相当于货车，是游牧民族的运输工具。

乡村生活

在印度的乡野地带，散落着至少641 000个不同的村庄，约有8.3亿人口住在那里。每个村庄都相当于一个农业社区，村里有木匠、理发师、清洁工……人们各司其职。典型农舍的规模很小，用泥土或木头建成，通常没有通电。村落里都会有一口水井，厕所也是共用的。因此，维系好邻里关系非常重要哦！

科技与传统

印度拥有十几亿人口，这意味着十几亿个活跃的大脑正在推动国家繁荣发展。如今，许多城市都成为科技奇才的聚集地，不过也有一些地方，人们还在用最古老的方式劳动。

电脑、电视、洗衣机……印度工厂几乎什么都能制造。印度还生产了世界上最便宜的一款汽车——塔塔Nano。

班加罗尔被称为印度的硅谷，拥有200多家软件开发公司，汇集着众多IT精英，他们大多都是从班加罗尔大学毕业的。

无论来自什么行业，印度人都热爱科技。在这个国家，有超过8.6亿的手机用户，你甚至可以看到最贫穷的街头小贩也在用手机聊天。

如果你连用头顶沙袋都很难保持平衡，想象一下，用头顶着一堆砖头会是怎样的感受？在印度的建筑工地上，许多女性打工者一直都得这么做。

手工纺1千克棉花大概需要15天。尽管现在已经有更高效的纺织机器，但很多人依然还在用最原始的方式，通过转动纺锤，把绒毛团纺成纱线。

按照传统耕种方式，耕1公顷的土地，农民就必须牵着他的黄牛或水牛走上大约80千米。

你知道吗？

印度有7 500多万名脸书（Facebook）用户——这只占印度总人口的6%，但超过了英国的总人口。

城市风采

繁华的街道、喧嚣的交通、路边的烧烤再加上潮湿闷热的气候……置身于印度的城市之中，你的所有感官都会陷入"大爆炸"的状态。印度的城市总人口占比不高，但人口超过百万的大都市有50多个。在印度，城市人口的贫富差距很显著，在熙熙攘攘的购物中心和日进斗金的大型银行旁边，很可能就是贫民窟和乞丐们的聚居地。

红堡是莫卧儿王朝在17世纪修建的宫殿。

新德里

作为印度的首都，新德里是一个庞杂的大城市，拥有2 850万的常住人口。历史上，这里曾屡次遭到摧毁，又经过多次重建，如今已经成为古老与现代相互交融的都市。在旧德里，你可以瞻仰伟大的莫卧儿红堡，也可以逛一逛印度最大的香料市场；在新德里，坐落着英国殖民统治时期宏伟的政府大楼，还有其他一些有意思的景点，比如国际厕所博物馆！

贫民窟生活

达拉维位于印度商业城市孟买的中心地带，是居住着百万人口的贫民窟。这里的人口密度极大，每平方千米就有293 000个人蜗居其中，还有数不清的老鼠。由于街道狭窄、交通不便，达拉维贫民窟并不喧嚣，反而出人意料地安静。尽管生活条件很糟糕，但居民们都很有进取心，他们卖力地工作，回收废品、制作肥皂、鞣制皮革、烧制坩埚，也会出门度假。在他们看来，一切都会越变越好。

达拉维贫民窟的工业蓬勃发展，为9/10以上的居民提供了工作。

你知道吗？

达拉维所有产业的总收入约有10亿美元，来自世界各地的垃圾都被运往贫民窟的回收厂处理。

孟买

在历史上，孟买城所在的这片土地由7个岛屿组成。1661年，当英国国王查理二世迎娶葡萄牙公主时，葡萄牙将孟买作为嫁妆赠给了英国。现在，孟买是个充满活力的大城市，素有印度的金融首都和商业中心之称，每年往返孟买的市郊列车载客量达到22亿人次。孟买的景点包括宝莱坞电影制片厂、被称为"印度门户"的拱门和巨大的露天洗衣场。

孟买是印度的第二大城市。

值得高兴的是，印度是一个极为重视下一代的国度。在传宗接代的思想影响下，相对女孩而言，男孩又会更受关注。印度的家族意识很强，祖父母、表亲、叔叔和阿姨等一大家子往往生活在同一个屋檐下。印度人也很尊重长辈，尽心尽责地维系着家庭。一般来说，男人是印度家庭的顶梁柱，负责养家糊口，不过，随着时代的变化，这种传统的观念也逐渐发生了改变。

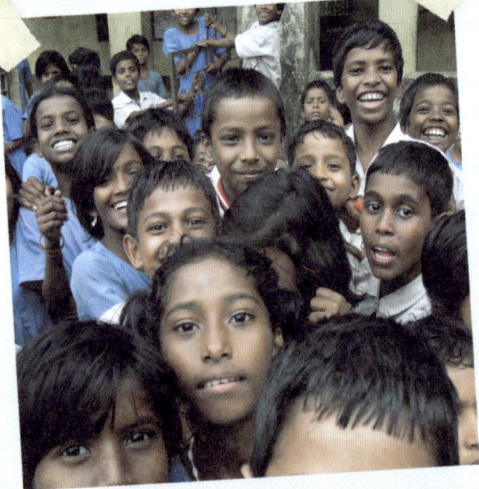

比起从前，现在有更多的女孩获得了上学的机会。

校园生活

印度的初等教育是免费的义务制教育，但仍有数百万儿童不得不辍学打工。在一些贫民窟，教师会乘坐改装的公共汽车进行流动授课，这对贫民窟的孩子们很有帮助。与此同时，有许多学生在学费昂贵的寄宿学校上课，他们在房间里用Wi-Fi上网，还配备了笔记本电脑，奢侈的学习环境不可同日而语。

婚姻生活

包办婚姻制度在印度仍然存在，当父母认为自己的孩子已经到了结婚的年龄，他们就会出面物色结婚对象。不过，如果夫妻之间性格不合，也有权利提出来。印度人遵守着严格的种姓制度，按照传统来说，不同种姓之间不允许通婚。如果家族内部找不到合适的伴侣，人们也可能会聘请专业的媒人来帮忙牵红线。

印度人的婚礼通常会持续好几天。

你知道吗？

卡尔尼-玛塔神庙供养着两万只老鼠，每天它们都会享用牛奶和糖果。这些老鼠被认为是神圣的象征，所以，如果有一只老鼠从你的脚上窜过去，就意味着好运的降临哦！

五彩缤纷的节日

"涂料大战"听起来是不是很有意思？假如你在胡里节期间来印度，就可以体验一下！胡里节是印度的几大节日之一，又被称为"色彩节"，在节日期间，印度仿佛变成一个盛大的派对现场。

在胡里节上，人们互相喷洒色彩斑斓的粉末和水。

吃在印度

　　如果你被邀请去印度人的家里吃饭，以下几件事要牢记于心：许多印度人都是素食主义者；永远不要用左手吃饭——在印度，这是不卫生的；可以直接用手抓东西吃，很多人都认为这样吃起来更香；在某些地方，打嗝也是有礼貌的表现，当你大吃一顿，再也吃不下去的时候，可以试着打个嗝，表示自己吃饱了。

咖喱

　　英国人创造了"咖喱"这个词，它源于南印度地区的"kari"一词，意思是酱汁。但咖喱并不是指简单的番茄酱，而是将孜然、芫荽、生姜、大蒜、豆蔻、葫芦巴等各种香料混合起来，再加入西红柿、洋葱以及任何你喜欢的肉或蔬菜，还有辣椒，加得越多越好！不过请记住，印度食物呈现的是一种浓郁的地域风味，而不仅仅是想让你辣到涕泗直流。

在南印度地区，食物可能会放在一片芭蕉叶上。

美味甜点

你喜欢吃甜食吗？
欢迎来到印度这个甜食爱好者的天堂！
以下几种食物值得一试哦：

巴菲：一种加入水果、坚果，并用豆蔻调味的炼乳块，有时会用可食用的锡箔纸包裹起来。

拉杜：将糖、面粉和椰子粉加入酥油（经过澄清后的黄油）烹制，再揉成彩色的球状。

库尔菲：一种牛奶冰激凌，将其冷冻在小金属罐中，并在街头小摊上出售。

拉西：一种用酸奶调制的饮料，有甜的，也有咸的，芒果口味非常受欢迎。

在印度的市场，香料是按勺来卖的。

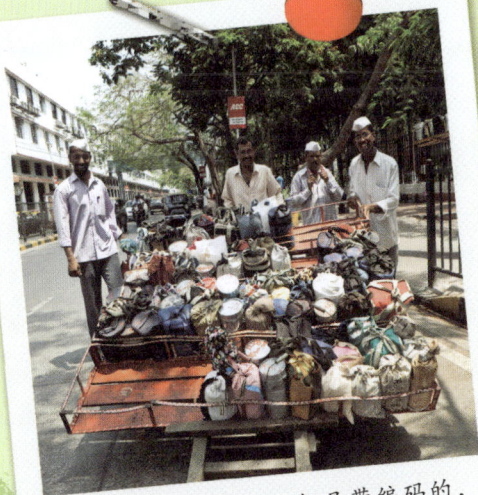
每个简餐的饭盒都是带编码的，这样就能快速找到对应的饭盒主人。

简易午餐

每当到了中午吃饭的时间，印度的工人们都翘首期待自己的那份装有简餐的饭盒。在这些摆得整整齐齐的罐头盒子里，可能会有家里做的扁豆酱、咖喱、面包、米饭、酸奶、酸辣酱等，通常还有一两道甜点。在孟买，约有5 000名送餐工每天会运送超过35万个午餐盒。靠着这些"饭盒人"以步行、骑自行车和乘火车等方式来回奔波，饭盒就这样从工人的家中送到了他们的上班地点，吃完之后再送回家。

宝莱坞

世界电影之都在哪里？是好莱坞吗？不，是宝莱坞！作为印度知名的电影制片公司，宝莱坞每年的电影制作量是美国的两倍。印度人非常喜欢看电影，电影院每天都能卖出约750万张电影票。用"魅力四射、戏剧感强"来形容印度本土电影绝不是夸大其词，将传统音乐和舞蹈完美融入现代气息十足的情节，是宝莱坞的拿手好戏。

你知道吗？

孟买的星探们一直在寻找外国人当临时演员，所以非印度裔的演员也可以出演宝莱坞电影。如果你练过舞蹈的话，参演概率就更大了。

音乐情景剧

命运多舛的恋人、英雄与恶棍、家庭纷争和美梦成真……在宝莱坞电影中，这些都是十分常见的情节，再穿插一些感染力强的流行歌舞片段，一部三四个小时片长的电影就诞生了，可以吸引全世界约30亿观众。一般来说，电影的演员阵容非常庞大，但最出风头、片酬最高的往往是大牌明星，比如，像沙鲁克·汗这样的巨星，参演一部电影就能赚约500万美元。

大多数宝莱坞电影都是用印地语拍摄的。

一支印度古典乐队的乐师们正在演奏西塔琴和塔布拉鼓。

古典音乐

宝莱坞的配乐采用印地语的流行音乐，令印度人一听就欢欣振奋。这种现代音乐风格源于印度的古典乐，由三部分组成：用西塔琴或者竹制的班苏里长笛来演奏旋律；用塔布拉鼓来呈现节奏；用坦普拉琴（一种类似西塔琴，但琴弦较少的乐器）在整个曲子中持续发出嗡嗡的低鸣声。

印度舞蹈

印度舞蹈节奏明快，舞者们伸展手臂，扭动臀部，优雅地转着脖子，浑身上下就连手指都在跳舞。在观看的时候，如果你想知道舞蹈所代表的含义，请仔细观察舞者的手部姿势。印度舞蹈融合了手语艺术，所以舞者会用双手摆出千变万化的姿势，并借助丰富的面部表情来诉说故事。与此同时，舞者还必须掌握弯腿、跳跃和踢腿等腿部技巧，有时候她们会像鸡一样摇摆起来，是不是很有趣？

当舞者翩翩起舞的时候，她脚踝上的铃铛就会叮当作响。

多彩艺术

印度的民族服饰制作得相当精美，从华丽的刺绣丝绸到金光灿灿的珠宝，本身就充满艺术性。印度的工艺品、绘画、雕像和建筑也是如此，雕刻家甚至可以把石头雕刻成栩栩如生的大象。对于印度人而言，细节和色彩决定了艺术品是否具有生命力。

微缩奇观

没有什么比一幅印度微型画更精雕细镂的了。即使小到像一张信用卡，微型画上依然能看清一只鸟儿的羽毛或人类的头发。如此纤毫毕现的绘制，需要稳定的双手、良好的视力、极为精细的画笔以及大量的练习。微缩画在印度已经有数百年的历史，最早的微缩模型被绘制在棕榈叶子上。

这幅迷你的秋千节图是用水粉画的，水粉是一种水彩颜料。

人体彩绘

印度人总是打扮得令人眼花缭乱，这不光是因为五彩的服饰，还有她们身上的彩绘。曼海蒂是一种将凤仙花染料直接涂在皮肤上的彩绘艺术，所谓"没有曼海蒂，婚礼不算齐"，在印度，婚礼举办的前夕，一场完整的曼海蒂仪式是必不可少的。全家人都会聚在一起，见证手绘师为准新娘彩绘的全过程。彩绘的设计图案非常繁复，往往能维持好几周不掉色。有时，新郎名字的首字母也会成为图案的一部分，祝愿这对新婚夫妇能够和和美美。

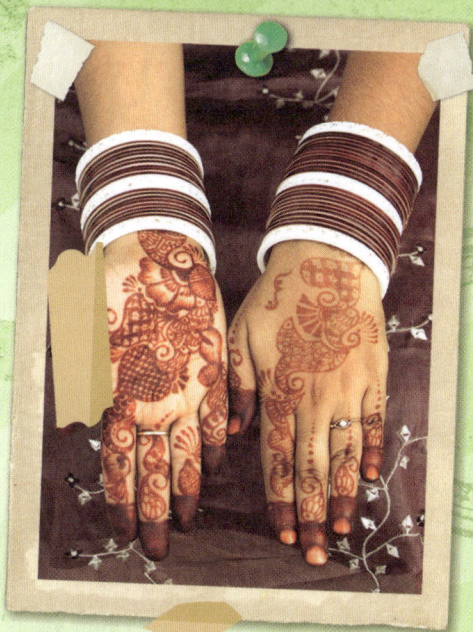

曼海蒂通常是在手部和脚部进行彩绘。

马杜巴尼绘画

土纸、丝绸、墙壁、皮肤……你相信吗，印度的艺术家能在所有这些东西上作画！马杜巴尼是一种传统的绘画艺术，最初是由妇女在泥墙上涂抹作画的，不过她们现在也会在纸或者画布上作画。她们把竹签作为刷子，将天然的颜料涂抹上去，白色来自米粉、红色来自檀香木、黄色来自姜黄，至于黑色，是将牛粪和煤烟混合后调制而成的。

马杜巴尼绘画中有大量的几何图案。

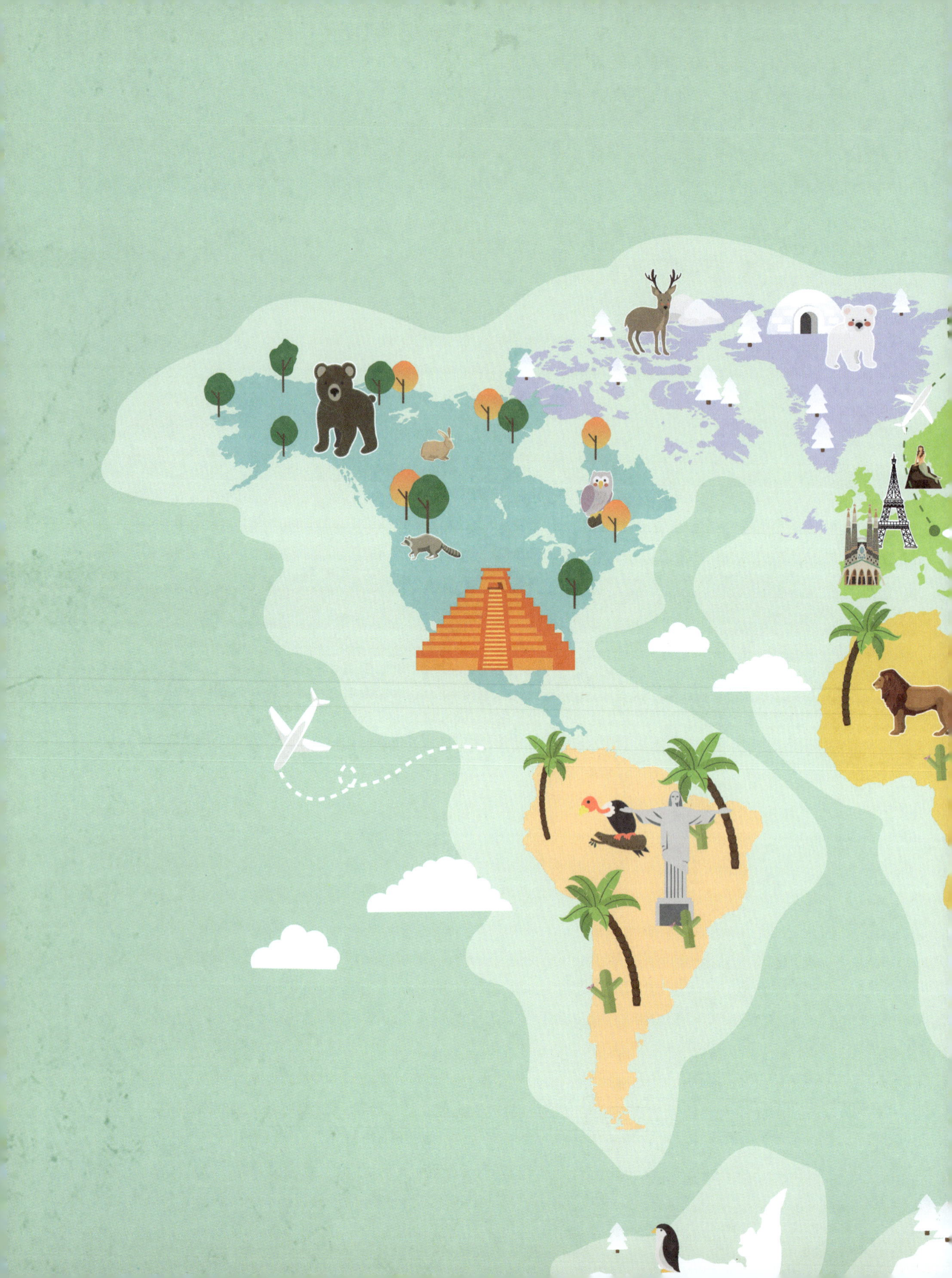

发现克罗地亚

欢迎来到克罗地亚

欢迎来到克罗地亚！这里堪称欧洲的顶级度假胜地，小镇依山傍水、风景如画，海水如水晶般清澈透明，数百个小岛散落其间，星罗棋布，宛如人间仙境。

如果你来克罗地亚旅行，既可以去游人如织的海边，在沙滩上晒晒日光浴，也可以到未经开发的原始村落来一场大冒险，不过，要提防熊和狼等野兽出没哦！此外，出海航行、徒步旅行、滑雪等游玩项目都值得一试，也不要错过到足球场看一场球赛的机会，毕竟足球可是克罗地亚人的国球！

想知道为什么人人都爱克罗地亚吗？让我们一起在书中感受这个国度的非凡之处吧！

出发吧！

小档案

国土面积：5.66万平方千米

人口：406万（截至2022年6月的统计数据）

首都：萨格勒布

国界：长达2 237千米，与5个国家接壤

国旗：

货币：克罗地亚库纳

官方语言：克罗地亚语

赫瓦尔岛上的薰衣草田。

塞蒂纳河的源头被誉为"地球之眼"，青绿色的水清澈见底，倒映着湛蓝的天空，宛若大地睁开了一只深邃而神秘的眼睛。

在山顶小镇扎瓦尔舍有一座斜塔，和意大利著名的比萨斜塔一样，它的塔身也是倾斜的。

赫瓦尔岛每年的日照时间长达2 700小时，比澳大利亚的悉尼还多。

万花筒之国

　　数千年以来，克罗地亚这片土地长期处于分裂与割据状态，被不同的王国、帝国或共和国控制。它曾被匈牙利击败，遭受土耳其人入侵，还一度成为东罗马帝国的附属国——这样的侵占只是开端，在漫长的历史中，它遭受的苦难远不止上述这些。但是，克罗地亚的过去与现实却深刻地表明，这是一个值得克罗地亚人捍卫的国家，它拥有着万花筒般丰富、深厚的历史底蕴，在多元文化中尽显不凡的魅力。

早期历史

　　公元前32年，罗马人征服了克罗地亚的沿海地区，并最先将其命名为"达尔马提亚"。几个世纪以来，他们统治着达尔马提亚及周边区域，并修筑了大量新的道路和城镇。克罗地亚这个名字则来自一个叫作克罗地亚人的部落，他们是在公元6世纪的时候迁徙到这里的，随之而来的是数百年的权力斗争，不少国家都曾统治过克罗地亚。

在普拉，由罗马人修建的圆形剧场可以容纳25 000人，这里至今还在举办音乐会。

你知道吗？

没错，我们俗称的斑点狗，也就是达尔马提亚狗，正是来自克罗地亚的达尔马提亚地区！

南斯拉夫时期

1918年，在第一次世界大战结束后，克罗地亚与邻国合并，成立了塞尔维亚-克罗地亚-斯洛文尼亚王国，也就是我们通常所说的南斯拉夫。第二次世界大战期间（1939—1945年），在铁托的领导下，南斯拉夫王国变为社会主义国家，工业与经济得到迅速的发展。不过，1980年，铁托逝世，国内各民族之间的冲突又逐渐激化，南斯拉夫陷入内乱。

右图是铁托的雕像，在他35年的政治生涯中，南斯拉夫各个共和国始终保持着团结。

分裂战争

在南斯拉夫解体的过程中，大大小小的武装冲突不断，比如波黑战争（1992—1995年）。连年的战火吞噬了十多万人的生命，包括许多无辜的平民。塞尔维亚的领导人还发动了种族清洗的战争，专门针对克罗地亚人和穆斯林两大族群，这些领导人后来都被当局逮捕。最终，克罗地亚及各个邻国纷纷宣布独立。

在克罗地亚，目前约有90%的人口属于克罗地亚人，塞尔维亚族则是第二大群体。

33

行在克罗地亚

在当代社会，克罗地亚的战火早已平息，每年有超过1 000万的游客蜂拥而至，汇聚在这个国度，饱览自然奇观和文化成就。克罗地亚的岛屿绝对比你想象中的要多，更多的还有古代遗留下来的历史建筑和传统节日，让你永远都不会感到无聊。另外，克罗地亚的美食也绝对会令你垂涎欲滴哦。

你知道吗？

在2013年，克罗地亚从事旅游业的劳动力达到14万人，总收入超过45亿欧元。

穿过由大理石修筑而成的扎达尔古城，仿佛令人重回罗马时代。电影制片人阿尔弗雷德·希区柯克前来参观时，曾盛赞这里拥有世界上最美的日落。在扎达尔的海边，有一架著名的管风琴，涌动的海浪会让风琴管形成气压变化，乐声随之产生，你可以在这里尽情地聆听大海奏响的音乐。

准备好几双登山靴，去普雷穆齐克步道走一走吧。这条徒步路线长达57千米，颇具挑战性，沿途山脊绵延、森林茂密，风景美不胜收。

当游客来到风景绚丽的罗维尼，就会知道它曾经由意大利统治过，因为许多当地居民都说意大利语，甚至连路牌都是双语的。罗维尼曾是一个靠近海岸的岛屿，在18世纪，人们通过填海修路，把它和陆地连接了起来。

去克罗地亚首都萨格勒布的塔科斯堪城堡来个一日游吧，这是克罗地亚最壮观的城堡之一。现在它也是一座博物馆，你可以在湖边的空地上租一艘划艇，泛舟游玩。

亚得里亚海清澈见底，如水晶般干净，是游泳、划船、潜水、皮划艇、帆船等水上运动的天堂。不过，出海的时候要留神海胆，以及正在游艇上聚会的那些人哦！

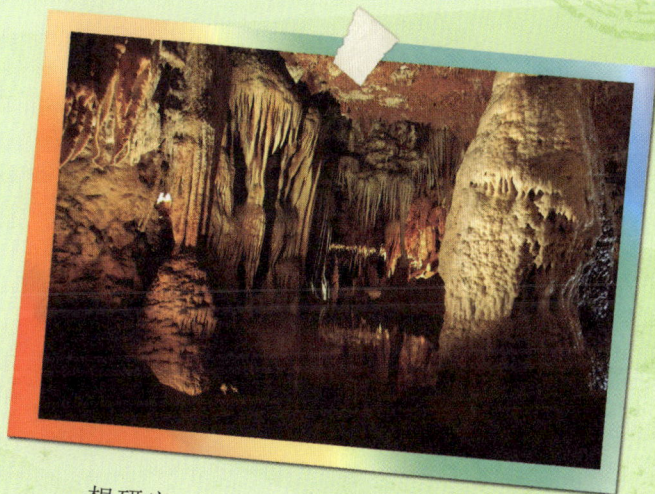

想研究一下洞穴的奥秘吗？克罗地亚非常适合你！这个国家的喀斯特地区拥有着布满天坑和溶洞的地貌景观，记得要裹上厚实的衣服，然后再钻进幽深而阴暗的洞窟里，近距离看看那些钟乳石和石笋。

大海与雪山

在一天之内，先滑行穿梭于雪山之间，再跳进汹涌的大海里畅游——这就是来克罗地亚旅游的得天独厚之处！在克罗地亚，低缓的海岸两旁就是高耸崎岖的山峰，内陆地区布满起伏的丘陵和平原，海面上则散落着数量惊人的岛屿。你可以去这1 185个小岛中的任何一个转转，也可以在风景秀丽的湖泊或河流中游泳。这里还同时拥有光照充足的地中海气候和凉爽宜人的大陆性气候，总有一个对你的胃口！

高山耸立

狄那里克阿尔卑斯山脉呈南北走向，横跨克罗地亚，最高峰狄那拉的海拔高达1 831米。山上覆盖着茂密的植被，森林与岩石之间分布着幽深的峡谷和洞穴。

在依山傍海的达尔马提亚，山势高耸陡峭，山脚与海岸齐平。冬天的高山寒冷而多雪，你可以在离海不到20千米的地方享受滑雪的乐趣。

你知道吗？

有一股寒冷而干燥的风叫作"布拉"，常年侵袭克罗地亚沿海地区，有时风速超过200千米/小时。

不论是大海还是高山，你在克罗地亚全都能看到！

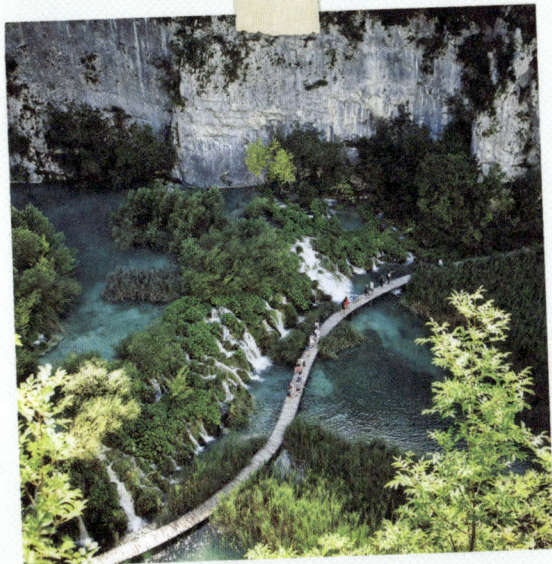

上图是普利特维采湖群国家公园的木质步道，在上面行走的时候，要小心滑倒哦。

在克罗地亚的乡间，溪水潺潺，河道纵横，还分布着一些地下暗河。有的游客选择在湍急的河流上划皮划艇，还有些徒步爱好者喜欢去普利特维采湖群国家公园，那里有16个明净的蓝色湖泊，由层层叠叠的92个瀑布连缀着。当然，如果你不想走路，可以坐火车或船去参观。在卡尔卡国家公园，也有一些著名的瀑布奔腾而下，水声喧嚣而壮阔。

千岛之国

如果将克罗地亚大陆及周边岛屿的海岸线伸展开来，得到的总长度会比从伦敦到纽约的距离还要长。从小岩石岛到最大的克雷斯岛，总有一座岛屿会吸引你驻足观赏——比如，姆列特岛上的原生态风景值得一看；布拉克岛非常适合水上运动；苏萨克岛上有迷人的金色沙滩；赫瓦尔岛则是克罗地亚众多岛屿中最阳光明媚的一个，说不定还能在这座岛上遇见许多名人。不过，克罗地亚的绝大多数岛屿上并没有常住居民。

猜猜看，为什么加勒斯恩杰克岛被称为"情人岛"？

37

城市穿越

漫步在克罗地亚的城市，你会有一种穿梭时空的奇异感受。这里洋溢着现代的都市气息，周围又环绕着历史悠久的宫殿、中世纪城堡和古老而传统的鹅卵石街道。大约3/5的克罗地亚人居住在城镇地区，其中1/4生活在4个最大的城市里。第二次世界大战后，克罗地亚的城市化进程发展迅速，农村地区相对而言较为落后。

环绕着杜布罗夫尼克的城墙长达两千米左右。

亚得里亚海的明珠

杜布罗夫尼克被誉为"亚得里亚海的明珠"，始建于公元7世纪，是来克罗地亚的游客绝对不能错过的旅游城市。它曾是海运与贸易中心，现在就如同一个储存着悠久历史的时间胶囊，城里到处是中世纪时期的建筑和人行街道，四周筑有防御功能强大的城墙，保护着这片如童话般的净土。当你沿着墙头闲逛，被杜布罗夫尼克的美丽震撼时，就会知道为什么这座城市会被选中，成为史诗级奇幻题材美剧《权力的游戏》的取景地之一。

斯普利特皇宫

斯普利特是克罗地亚的第二大城市，在这里，游客们可以参观罗马皇帝戴克里先的宫殿。这座皇宫建于公元3、4世纪之交，修筑时不惜工本，甚至还专门从埃及运来了狮身人面像。经过中世纪的修复后，如今的皇宫更像是一个小镇，游客们可以沿着大理石步道，有计划性地欣赏古代遗迹、现代商店和咖啡馆。

罗马皇帝戴克里先就在这座宫殿里安度晚年。

你知道吗？

据说，伊斯特里亚半岛上的胡姆镇是世界上最小的城镇，镇上的常住居民不到20人。

魅力之都

在克罗地亚活力四射的首都萨格勒布，生活着大约100万居民。这座城市的名字意为"在山脚下"——它位于麦得温尼采山的山脚下。萨格勒布建于1094年，至今仍不损昔日的魅力。同时，它也是克罗地亚现代艺术、文化和工业的发祥地。夏季是这个城市最宁静的时刻，在那个时候，人们会纷纷前往海边避暑。

在萨格勒布，现代艺术与悠久的历史文化互相交融。

静谧的乡村

在克罗地亚，除繁华喧嚣的都市和游客云集的海滨之外，还有另外一种生活，听起来是不是有点难以想象？事实上，对于许多克罗地亚人来说，静谧的乡野才是他们的家园。克罗地亚的传统产业以农业和捕鱼业为主，如今，葡萄酒酿造业和橄榄种植业也发展得如火如荼。在不同地区，种植的作物各不相同，像甜菜、小麦、向日葵、薰衣草和各种蔬菜和水果在克罗地亚都很常见。

特级橄榄油

许多克罗地亚家庭都会自制橄榄油，当然，也有一些生产商进行规模化量产。伊斯特里亚半岛以出产特级初榨橄榄油而闻名，为了获得品质最好的橄榄，必须掐准采摘的时间点，最佳时间通常是10月中旬。采摘时，果农们一般通过手工摘取，或者用竹竿敲打下来，并要防止橄榄被碰伤，然后直接将其送到榨油厂榨油。

在克罗地亚，约有350万棵橄榄树。

从古希腊人最先来到克罗地亚并引进葡萄时算起，这个国家种植葡萄已经有2 500年的历史了。现在，克罗地亚每年生产大约6 000万升葡萄酒！许多家庭都有小葡萄园，国内还有数百个商业酒庄。克罗地亚出产的大部分葡萄酒主要在国内销售，出口的比较少，不过当地的葡萄酒品种依然屡获国际奖项。

上图是位于山坡上的葡萄园，如果想要采摘，就要爬上山去。

你知道吗？

在布里俄尼岛上，生长着一棵由古罗马人种植的橄榄树，树龄长达1 600年。

住在这里的人一定很喜欢吃卷心菜。

乡村生活

在远离克罗地亚层层叠叠的海岸线的内陆地区，散落着一些独幢的石屋或木屋，这就是克罗地亚的乡村一景。通常，乡下的居民会在自己的土地上种植水果、蔬菜，或者饲养动物，等等，并往往选择把厨房建在户外。还有一些克罗地亚人生活在小岛上，他们惯于驾着自己的小船转悠，他们也会耕种和捕鱼。近年来，克罗地亚的农家乐旅游业正在兴起，去那里亲身体验乡村生活也是个不错的选择。

足球运动

如果你不知道"nogomet"这个词是什么意思，来一趟克罗地亚就明白了。这就是克罗地亚语中的"足球"，是这个国家最热爱的运动。每当国家足球队参加比赛时，球迷们都争先穿上克罗地亚的经典球衣——红白格子衫上街，街道仿佛瞬间变成红白相间的河流。球迷们往往聚集在咖啡馆露台的大屏幕前观看比赛，如果听到人群中爆发出阵阵欢呼声，就代表着克罗地亚队进球了，一起来为球队放声歌唱吧！

国家足球队

1998年，克罗地亚队首次在由世界足协举办的世界杯上亮相，并在世界杯最佳射手达沃·苏克的率领下，一路踢进了第三名。从那以后，克罗地亚队只有一次没有获得世界杯参赛资格。2022年，克罗地亚队在国际足联世界排名中已经从2013年的第四名，下滑到了十名开外，但足球仍是克罗地亚人的希望与信仰。前国家队队长达里奥·斯尔纳是这支球队中最受欢迎的国脚。

前国家队队长达里奥·斯尔纳正在为克罗地亚队踢球。

体育强国

在2012年的伦敦奥运会上，克罗地亚人在田径、水球、射击和跆拳道等项目上都夺得了奖牌。他们在手球、篮球、高山滑雪和网球等比赛中也表现不俗，其中网球运动员马林·西里奇的世界排名一度在前十位。

皮奇金这项运动起源于斯普利特，是一种颇受欢迎的海边浅水运动，玩家必须将球保持在水面以上，并用手击球。

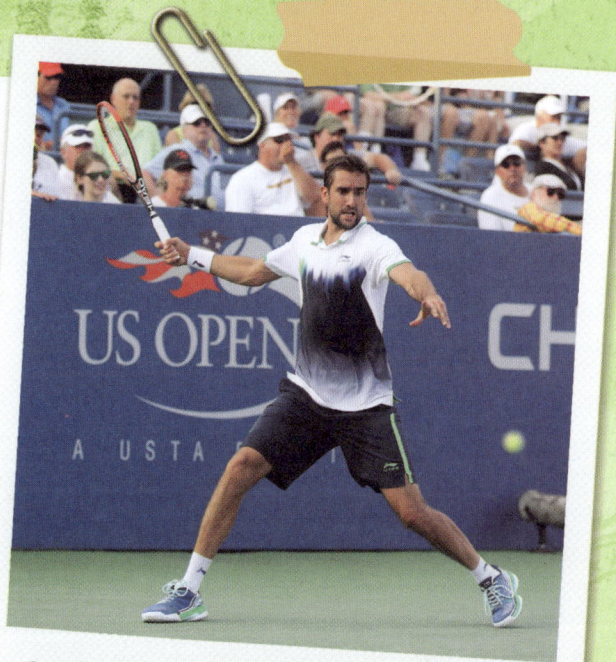

西里奇在2014年美国网球公开赛上一举夺冠。

永恒德比

克罗地亚的两大足球俱乐部——萨格勒布迪纳摩和哈伊杜克斯普利特互为主要的竞争对手，它们之间的对抗又被称为"永恒德比"，可以追溯到90多年前。从历届赛果来看，萨格勒布迪纳摩拥有一定的优势，但在每场比赛中，双方的忠实支持者依然会为激烈的赛况而陷入疯狂。萨格勒布迪纳摩的几名球星已加盟外国俱乐部，包括卢卡·莫德里奇和马特奥·科瓦契奇。

球迷们正在为国家足球队摇旗呐喊。

你知道吗？

克罗地亚网球名将戈兰·伊万尼塞维奇在2001年赢得了温布尔登网球公开赛。网球历史上的"第一高人"也是克罗地亚人，即伊沃·卡洛维奇，身高约2.08米！

野生世界

从国土面积来说，克罗地亚是个小国，但说到自然资源，却是当之无愧的"大国"。克罗地亚拥有19个国家公园和自然公园，约38 000种已知物种，比欧洲许多其他国家的植物和野生动物都要丰富。如果你来到克罗地亚旅游，那就做好与狼、熊、老鹰和金雕等动物邂逅的准备吧！

克罗地亚的棕熊体形巨大、结实，这可能是因为它什么东西都吃，从蘑菇到鱼类，来者不拒！不过，尽管它很重，但在观察危险情况或觅食的时候，还是可以只用后腿站立。

鸢尾花是克罗地亚的国花，生长在丘陵地区，受到严密的保护，所以不要摘下它们哦！

猞猁是欧洲最大的野猫，会像家猫一样"喵喵""嘶嘶"或者"咕噜咕噜"地叫唤，也会跟踪猎物。如果你非常善于观察的话，说不定能在狄那里克阿尔卑斯山脉之中找到它。

南方花彩蝶

地中海僧海豹是世界范围内濒危的海洋哺乳动物之一，它曾被认为在亚得里亚海域已经灭绝了，但近年来又再度被发现。

克莉奥帕特拉、小蓝虎、南方花彩蝶、大鸟眼蝶……你知道吗，它们都是在库帕河谷发现的蝴蝶，不过在数百种蝴蝶之中，只有少数这些有名字。

对于克雷斯岛上的小兀鹫来说，学习飞行具有一定的风险。它们是世界上唯一栖息在海边的秃鹫，得从陡峭的岩石上进行颇为惊险的迫降。

你知道吗？

里斯尼亚克国家公园的名字源于克罗地亚人对猞猁的称呼——"里斯"。

洞螈生活在幽暗的地下洞穴里，并不需要良好的视力。这种粉红的大型蝾螈看不见但听力很好。而且，它可以在没有食物的情况下存活长达10年！

克罗地亚人

当你听到克罗地亚人唱他们的国歌时，就会深深地感受到他们是多么热爱自己的国家。克罗地亚人热情好客，总是把家人和朋友放在第一位。他们努力工作，但也善于劳逸结合，会在周末的时候进行家庭聚会、吃一顿丰盛的午餐，或者运动、散步，等等。

学校教育

克罗地亚的孩子们通常在上过学前班之后，于6岁或7岁开始正式上学。15岁时，他们离开学校，可以选择去上大学预科（又称为文法学校），也可以去职业学校（与技术、工业或工艺相关的学校）、艺术学校（与音乐、舞蹈或美术相关的学校）等。虽然这类中等教育目前还不属于义务教育，但政府正在计划实施相关教育改革。

在克罗地亚，初等教育属于义务教育。

作为传统婚礼仪式的一部分,克罗地亚的家庭会在真正的新娘到来之前,先准备一个假新娘,"她"通常会由一个穿着白色衣服的男人假扮。

新娘大作战

"买新娘"是克罗地亚的一项传统,不过,虽说是"买",其实和"买东西"完全不是一个意思!在举办婚礼之前,新郎会和朋友们以及乐手一起去新娘家,与新娘的家人就结婚的条件进行"谈判"。一般来说,新郎是通过展示歌喉或体力来证明自己的价值,而不是用金钱。一旦他成功"赢取"了自己的未婚妻,两人就会一起去婚礼现场。

欧盟成员国

在过去的20多年间，克罗地亚的经济遭受重创，度过了一个艰难的时期，许多人失业，尤其是年轻人。2013年，在等待了10年后，克罗地亚终于正式加入欧盟。人们燃放烟花，吹响号角，载歌载舞地庆祝祖国步入新的篇章。成为欧盟成员国无疑给克罗地亚带来了巨大的机遇，同时也面临着一些严峻的挑战。

在欧洲诸国中，克罗地亚的公路网密集，港口设施完善，具备良好的贸易条件。

邻国贸易

克罗地亚与其他欧盟成员国的贸易额约占总贸易额的2/3，隔海相望的意大利是它最大的贸易伙伴。克罗地亚的主要出口产品是交通运输设备、机械、燃料和化学品。2013年，克罗地亚的出口总额约900万欧元，是进口总额的1/2。

人才外流

对于克罗地亚的许多年轻人来说，移居国外更利于找到好的工作。例如，医生在海外的收入比国内高出10倍。因此，克罗地亚政府一直致力于减少人才外流，将国内外流的人才重新吸引回国内。

旅游胜地

在欧洲国家中，克罗地亚的旅游业发展迅速，堪称皇冠上的明珠。每年都有成千上万的游客来到克罗地亚观光。大多数游客都来自欧盟成员国，其中以德国人居多。夏天，人们喜欢去克罗地亚的海边旅行，冬天的雪山也吸引了不少滑雪爱好者。

克罗地亚正计划成为全球
20大热门旅游目的地之一。

你知道吗？

克罗地亚的货币是库纳，以一种类似雪貂的动物命名，因为这种动物的皮毛曾被用来等价交换。

REPUBLIKA HRVATSKA
1
KUNA

发明创造

克罗地亚是很多发明的诞生地，包括领带和自动铅笔。尽管当今的大环境并不好，但克罗地亚人的奇思妙想依然层出不穷，闪耀着智慧的光芒。比如，由萨格勒布的汽车制造公司——锐马克推出的新款原型车（Concept_One），是世界上第一辆电动超级跑车，快来见识一下吧！

Concept_One能在2.8秒内达到100千米的时速，最高时速是300千米！

49

吃在克罗地亚

如果你正好去克罗地亚人的家里做客，就会听到"Jedi！Jedi！（吃吧！吃吧！）"的盛情招待。分享食物是克罗地亚文化中相当重要的一部分，让客人吃饱喝足是克罗地亚人最大的心愿。主人会送上饮料、零食，一起用正餐，接着可能还会有第二轮甚至第三轮餐点。以下是去克罗地亚家庭做客的小建议：第一顿不要吃太多，可以跟主人说"da molim（是的，谢谢！）"，这是用餐时的礼貌用语。

地方美食

在克罗地亚的周边海岸，你可以品尝到地中海风味的美食。生活在海边的克罗地亚人习惯将海鲜进行烧烤或者炖煮，也会用墨鱼汁做成黑色的烩饭。再往内陆走一点，来到克罗地亚东北部，那里的人们喜欢吃肉，煮上一大锅的浓汤和炖肉，再洒上辣椒粉调味。如果你到了萨格勒布附近，千万不要错过当地的特产——奶酪咸糕。

克罗地亚人重视吃午餐——这通常是他们一天的正餐。

咕嘟咕嘟的美味

"Ispod ripnje"在克罗地亚语中意为"在盖子下"，是克罗地亚一种很流行的烹饪方式，类似于大锅炖煮。克罗地亚人会将所有食材（通常是羊肉、章鱼或小牛肉，再加上土豆和香草等）统统放入锅中，盖上圆形的铁铸锅盖，然后把锅放在烧得滚烫的煤上，并在盖子上面堆放更多的煤。在炖煮的过程中，不要搅拌，也不用打开来看，就让锅子咕嘟咕嘟地熬煮肉汁，至少熬1个小时以上。最后再打开盖子，就可以尽情享受美味了。

如果你想试试这种克罗地亚的传统烹饪方式，使用户外厨房会比较方便！

火腿

先生奶酪

胡椒腊肠

独特风味

Pršut：特制火腿，用盐腌制后风干，再切成薄片食用。

Paški sir：先生奶酪，来自帕格岛的母羊奶酪，那里的绵羊以香料植物为食。

Kulen：胡椒腊肠，是一种熏干的五香味猪肉香肠。

Janjetina s ražnja：烤羊肉，摊贩们通常在路边停车场现烤，以招揽过路人。

Tartufi：松露，一种气味浓郁、可口的珍稀蘑菇，主要生长在伊斯特拉的地下，只有经过特殊训练的狗才能找到它们。

你知道吗？

克罗地亚曾入选世界最大松露的吉尼斯世界纪录，创纪录的这块松露重达1.31千克，是1999年由一只叫作戴安娜的松露犬挖出来的，价值预估为3 175英镑！

松露

欢乐节日

在克罗地亚，一年365天，几乎每天都要过节。其中既有传统节日，比如一系列狂欢节，以及乡间为庆祝农事举办的相关节日，也有现代节日，比如夏季的音乐盛典，涵盖了歌剧、民谣、独立音乐、摇滚音乐等各类音乐形式，充满吸引力。克罗地亚的许多习俗都很独特，有多项被联合国教科文组织列入非物质文化遗产名录。

卡斯塔夫地区的响铃狂欢节盛会

（从每年的1月17日开始，到复活节前的第7个星期三）

响铃狂欢节是克罗地亚西北部卡斯塔夫地区的传统节日，男子们会穿着羊皮衣，戴着面具，腰间围着串铃，在村庄间穿梭。当他们行走的时候，串铃会叮当作响。克罗地亚人认为响铃能够驱逐邪恶的灵魂，让农作物在春天更好地生长。

INmusic是一个在克罗地亚举办的露天现代音乐节。

春季王后游行

(每年的圣灵降临节)

在圣灵降临节期间，戈尔贾尼村的年轻女孩们会乔装打扮，一半打扮成国王，一半打扮成王后，并在村子里挨家挨户地表演歌舞——通常由国王跳舞，王后唱歌。

复活节游行活动

(每年复活节前的星期四)

当天，由不同村庄的人们组成几支队伍，分别跟随着一位赤足行走的人，在赫瓦尔岛周围进行8个小时的游行，中途不会停下来休息。

在阿尔卡长矛比赛上，你必须瞄准目标！

守护神圣布莱斯节

(每年的2月3日)

这个古老的节日是为了纪念杜布罗夫尼克的守护神，在节日期间，守护神圣布莱斯的遗骸被放在精美的圣骨匣中，进行游行表演。当天，人们还会成群结队地拥上街头，尽情展示克罗地亚的传统仪式典礼、手工艺品、美食、歌曲以及舞蹈等。

你知道吗？

在每年12月5日的晚上，克罗地亚的孩子们会擦好鞋子，把它们放在窗台上，期待着传说中的圣·尼古拉斯能从窗边经过，把糖果等小礼物塞进鞋子里。

锡尼阿尔卡长矛比赛

(每年8月的第1个星期日)

这一可追溯到中世纪的比赛在小镇锡尼举行，骑手们沿着赛道全速冲锋，并在瞄准之后，用长矛投向悬挂在绳子上的铁环。锡尼的男孩们从很小的时候就开始训练，为日后参加比赛做准备。

创造力达人

具有艺术眼光的人一定会爱上克罗地亚，因为这个国家就是艺术的殿堂，不论是古老的雕刻、中世纪壁画、传统工艺还是现代绘画都应有尽有。克罗地亚的建筑也堪称杰作，深受意大利和欧洲其他国家的风格影响。在首都萨格勒布，你可以欣赏到最前沿的绘画艺术，事实上，整座城市就像一个街头艺术博物馆，连随处可见的围墙上的涂鸦都宛若艺术品。

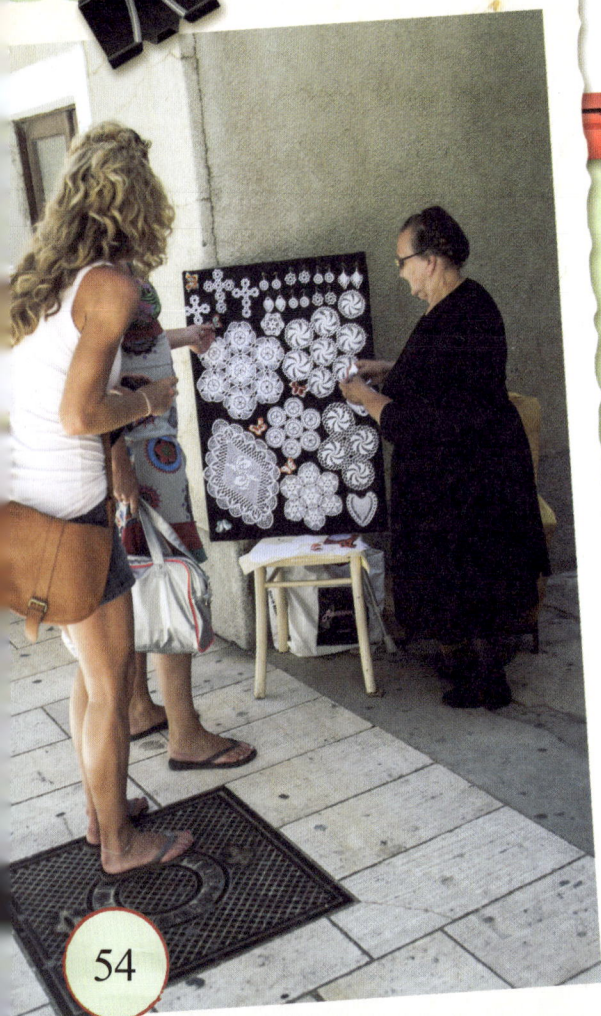

蕾丝花边

蕾丝花边对编织技巧的要求非常高，而这正是克罗地亚的乡村女性最为擅长的。克罗地亚的蕾丝有三大产地，其中帕格岛以针绣花边而闻名，花边上会用几何图形装饰成蛛网图案；莱波格拉瓦的线轴花边通常用来制作花边缎带；瓦尔镇的女人们则用从新鲜芦荟的叶子中心提取的细白丝线，编织成芦荟花边。

传统的蕾丝花边制品非常值得收藏留念。

玩具和零食

　　玩具制造是克罗地亚的古老传统，比如小卡车、长笛，等等，此类木质玩具通常由男性进行手工雕刻，女性在玩具上绘制图案。

　　姜饼制作则是克罗地亚另一项历史悠久的手工艺，每个姜饼师傅都有自己的制作风格，并在特定的区域工作。心形是一种颇受欢迎的形状，所以"心形姜饼"最受当地人喜爱。在姜饼上面，师傅还会用可食用的颜料绘制图案和文字。

如果有人给你一块带着小镜子的心形姜饼，这代表着"你在我的心中"。

一支克拉帕乐队正在斯普利特"唱歌"。

歌声与舞蹈

　　克罗地亚人喜欢合唱，将不同的声部互相和谐地组合在一起。在达尔马提亚，克拉帕是一种著名的多声部合唱形式，在表演的时候，歌手们会围成半圆形。奥耶康吉则是一种双声部演唱形式，主要运用颤音技巧，领唱者的演唱气息有多长，每首歌曲持续的时间就有多长。如果你喜欢在安静的环境中跳舞，试试尼杰莫克罗吧，这是一种无声的舞蹈，通常在没有音乐伴奏的情况下表演。

发现墨西哥

欢迎来到墨西哥

出发吧！

欢迎来到墨西哥！这个国家就像是位于北美洲和南美洲之间的陆上桥梁，轮廓狭长，地形多山，国土面积约是英国的8倍，人民的胸襟也跟国土面积一样博大开放。这里有频繁喷发的活火山、神秘的亡灵节、凶猛的美洲虎，还有世界上最迷人的海滩和最糟糕的交通状况。墨西哥人常说，这是一个你来了以后就不愿意离开的国家——究竟是不是这样呢？让我们继续往下看吧！

小档案

国土面积：196.44万平方千米

人口：1.28亿（截至2020年的统计数据）

首都：墨西哥城

国界：长达4 353千米，与3个国家接壤

货币：墨西哥比索

官方语言：西班牙语

国旗：

大丽菊和仙人掌都是墨西哥的国花。

月亮金字塔

这是祭祀月亮神的地方，外部叠砌的石块上绘有许多色彩斑斓的壁画，塔前宽阔的广场可容纳上万人。

看，图上的这棵大柏树就是世界上最宽的树！树干周长约54米，需要30个人张开双臂才能环抱住整棵树。

墨西哥人年轻而富有活力，约有1/2的人年纪不到30岁。

你好，墨西哥！

在这个世界上，截至2019年，只有9个国家的人口比墨西哥多。墨西哥的土著是历史上最先进、最富有创造力同时也是最有活力的民族，无论是筚路蓝缕的玛雅人，还是所向披靡的西班牙征服者，都曾在这片热土之上留下烙印。如今，墨西哥是个飞速发展的现代化国家，拥有着万花筒般迷人的多元文化。

你知道吗？

阿兹特克人的后代们说一种叫作纳瓦特尔的语言，而一些英语单词正是来自纳瓦特尔语，比如西红柿（tomatl）和巧克力（chocolatl）。

奥尔梅克人会用石头雕刻成巨大的头像，有些雕像比成年人还高，重达40多吨。

伟大的土著

从生活在公元前约1500年的奥尔梅克人开始，伟大的古代文明就在墨西哥诞生了。13世纪，阿兹特克人来到了墨西哥，他们相信，如果在某个地方看到一只叼着蛇的老鹰栖息在仙人掌上，那里就是他们的家。在传说中，这只老鹰真实地出现在了墨西哥中部的特斯科科湖上。从此，阿兹特克人就在特斯科科湖的岛屿上安家，建成了首都特诺奇提特兰。

西班牙征服者

1519年，来自西班牙的探险家埃尔南·科尔特斯抵达墨西哥。相传阿兹特克人认为他就是重返人间的羽蛇神，因此以王室礼节隆重地欢迎他。没想到，科尔特斯和他的军队占领并摧毁了特诺奇提特兰城，墨西哥从此沦为西班牙的殖民地。由于西班牙人的入侵以及他们携带的传染病，数百万阿兹特克人和其他土著人沦为亡魂。

这尊埃尔南·科尔特斯的雕像矗立在他的出生地——西班牙的麦德林市。

墨西哥内战

在墨西哥内战中，涌现出一批像埃米利亚诺·萨帕塔这样的领袖人物，他们成了墨西哥的民族英雄。

1821年，经历了导致数千人死亡的独立战争之后，西班牙对墨西哥的殖民统治终于结束了。但墨西哥独立之后，国家的财富只掌握在少数人手中，贫富差距严重。最终，一场针对独裁者总统波菲里奥·迪亚斯的武装革命爆发了。墨西哥内战始于1910年，持续了10年，直到新的革命党人上台，承诺将实施一系列改革，从而改善底层人民的生活状况，国内局势才平息下来。

如今，约30%的墨西哥人是印第安土著，60%是混血人种，即印第安人与欧洲人的混血。

61

极端之地

墨西哥拥有多样的气候与地形,北部的沙漠气候干燥、尘土飞扬,南部的热带雨林却终年湿润。在不同的地区,可以看到高山与深谷、半岛与峡湾等多种地貌,时而阳光灿烂,时而冰雪皑皑,时而飓风肆虐。而且,墨西哥处于环太平洋火山带的边缘,地壳运动极为活跃,多次发生地震和火山等地质灾害。

你知道吗?

吉娃娃(一种体型很小的犬类品种,可以装进女士的手提包里)是以墨西哥北部的一个州命名的,也就是奇瓦瓦州。

在阿兹特克语中,波波卡特佩特火山的意思是"烟山"。看到上图,你就知道这座火山为什么叫这个名字了。

环太平洋火山带

1943年,一位墨西哥农民的玉米田里突然冒出了一座火山,后来被命名为帕里库廷火山,这件事可真是令人匪夷所思!墨西哥境内有很多座火山,包括曾多次喷发的波波卡特佩特火山。这里也经常发生地震,发生在1985年的一次特大地震摧毁了墨西哥城的大部分地区。之所以火山和地震频发,是因为墨西哥位于几大板块的交界处,地壳活动活跃。

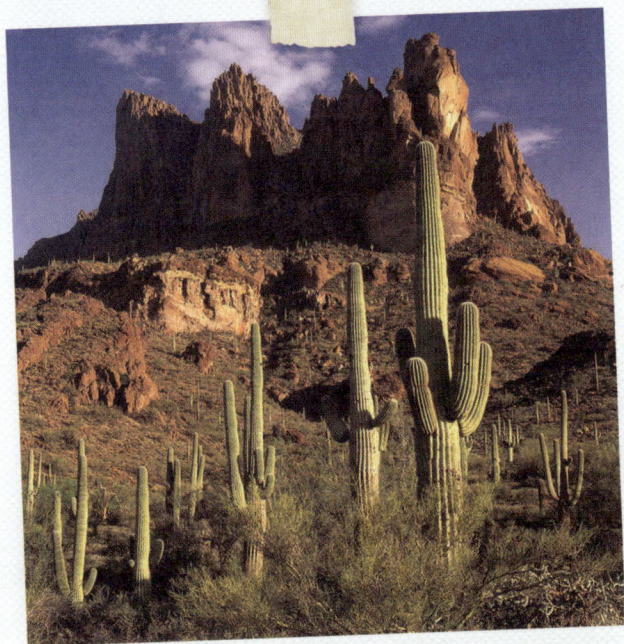

索诺拉沙漠是墨西哥境内最炎热的沙漠，生长着巨柱仙人掌。

墨西哥的最高峰是奥里萨巴火山，这是一座休眠火山，海拔高达4 922米，位于马德雷山脉上。马德雷山脉是北美洲落基山脉的延伸部分，由三条较小的山脉组成。中部的墨西哥高原则处于群山环绕之间，地势高耸，气候凉爽，大多数墨西哥人都居住在那里。

墨西哥还拥有长达9 330千米的海岸线，这里是沙滩爱好者的胜地，地势极低，其中一部分海岸线是与邻国的边界。

气候：干湿分明

横跨墨西哥和美国边境的奇瓦瓦沙漠是墨西哥最大的沙漠，气候十分干燥。它位于两座山脉之间，被山脉阻隔了来自海洋的潮湿气流。相形之下，墨西哥南部的热带雨林每年降雨量高达2 600毫米，由于气候极为湿润，那里分布着众多溪流与瀑布，也是无数植物与动物生存的乐园。

如果你想感受在瀑布下"淋浴"的滋味，不如来拉坎顿丛林吧！

城市生活

如果用三个词来形容墨西哥城市的特点，那就是——庞大、忙碌与繁荣。自从墨西哥内战爆发以来，大量的农村人口涌向城市寻找工作。如今，将近4/5的墨西哥人都生活在城区。在墨西哥，许多城市的风貌都是历史与现代并存的，高耸的摩天大楼与破败的贫民窟交错林立，古老的遗址与宏伟的宫殿夹杂其间，往往令人眼花缭乱。

你知道吗？

墨西哥城正在下沉！由于过度开采地下水，这座城市出现了持续性的地面沉降，预计每年会下降10厘米。

伟大的瓜达拉哈拉

在熙熙攘攘的瓜达拉哈拉，你几乎可以见识到墨西哥城市的所有特色！这里是马里亚奇音乐和墨西哥国酒龙舌兰酒的发源地，也是重要的商业都会和工业中心。瓜达拉哈拉城区生活着400多万居民，绿树成荫的公园、时尚的购物街、典雅的建筑以及多姿多彩的街头艺术构成了这座城市的多元风貌。租上一辆马车，一起去瓜达拉哈拉逛逛吧！

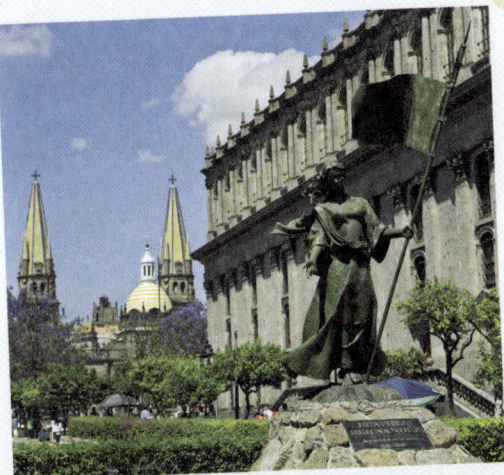

瓜达拉哈拉是墨西哥的第二大城市，拥有着历史悠久的建筑群。

破败的贫民窟

面对农村汹涌的进城务工潮，城市有时候也难有招架之力。墨西哥城周边的贫民窟就是一个典型例证。作为世界上最大的贫民窟之一，这片区域由内萨瓦科约特城、查尔科镇和伊斯塔帕卢卡3座城市组成，大约居住着400万人，生存条件极其恶劣，缺乏电力和清洁的水源。大多数人都在临时住所里非法居住，还有一小部分人则住在废弃的大厦里，这些大厦已经变成了廉价出租的公寓。

庞大的墨西哥城

墨西哥城曾经是阿兹特克帝国的首都——特诺奇提特兰的所在地，如今则是一个喧嚣的现代化大都市。这里生活着2 000多万居民，人口密度很大，街上车水马龙、人流如织。如果你去墨西哥城游览，别忘了登上44层的拉丁美洲塔，饱览整座城市的景观。历史悠久的佐卡洛广场和阿兹特克神庙也是墨西哥城的著名景点，还可以去阿拉米达中央公园逛逛。

墨西哥城是美洲海拔最高、最古老的首都之一。

位于墨西哥城贫民窟的一栋破旧建筑。

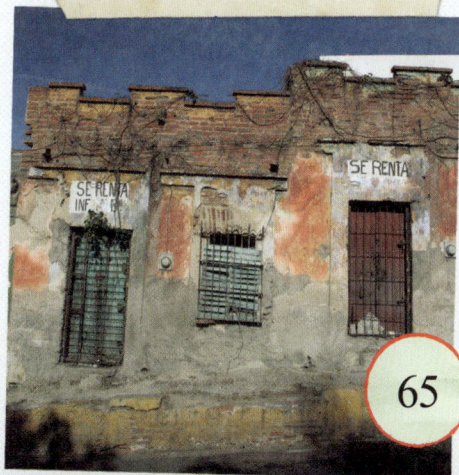

65

世界新七大奇迹

如果你爱听神秘的传说故事，那么你一定会喜欢墨西哥的古建筑！从古城遗址到金字塔寺庙，这些地方都隐藏着无数秘密，可以追溯到很久很久以前。每年都有数以百万计的游客来到墨西哥，探索宝藏以及背后的故事。来吧，让我们的想象力在金字塔之间尽情驰骋！

蛇影奇观

位于奇琴伊察古城的库库尔坎金字塔是世界新七大奇迹之一。

玛雅人生活在1 000多年以前，他们在数学、天文学、建筑学等方面都拥有超越时代的杰出智慧。墨西哥的奇琴伊察是古玛雅国的城市遗址，其中包括一座365级的金字塔，这一数目象征着一年有365天。每年的春分和秋分这两天（3月21日和9月22日左右），阳光在金字塔前投下的阴影宛若一条巨蛇，从塔顶顺着台阶往大地游走，而这条蛇就是墨西哥人信仰的神祇——羽蛇神。

众神降临的地方

伟大的特奥蒂华坎是诞生于美洲大陆上的第一座大城市，但没有人知道究竟是谁在公元100年至650年之间建造了它。这座城市曾经是10万人的家园，后来沦为废墟。数百年之后，阿兹特克人将其奉为圣地，并命名为Teotihuacan，在印第安语中的意思是"众神降临的地方"。在如今的遗址之上，你仍然可以瞻仰古老的宫殿、金字塔的风采。

绕着特奥蒂华坎古城走一圈是一项有益身心的运动。

海岸天堂

经历了上文的远古探险，你的双脚是否已经感到疲乏？不如在白沙滩上放松一下吧！坎昆是墨西哥的度假胜地之一，你可以在这里经历另一场丰富多彩的冒险——比如，在科苏梅尔岛有色彩斑斓的珊瑚礁，是颇受欢迎的潜水天堂；而在坎昆的西海岸，你可以远眺巴哈半岛的美景，恍若置身于另一个世界。

坎昆拥有超过20千米的海滩，全年有240天都沐浴在明媚阳光下。

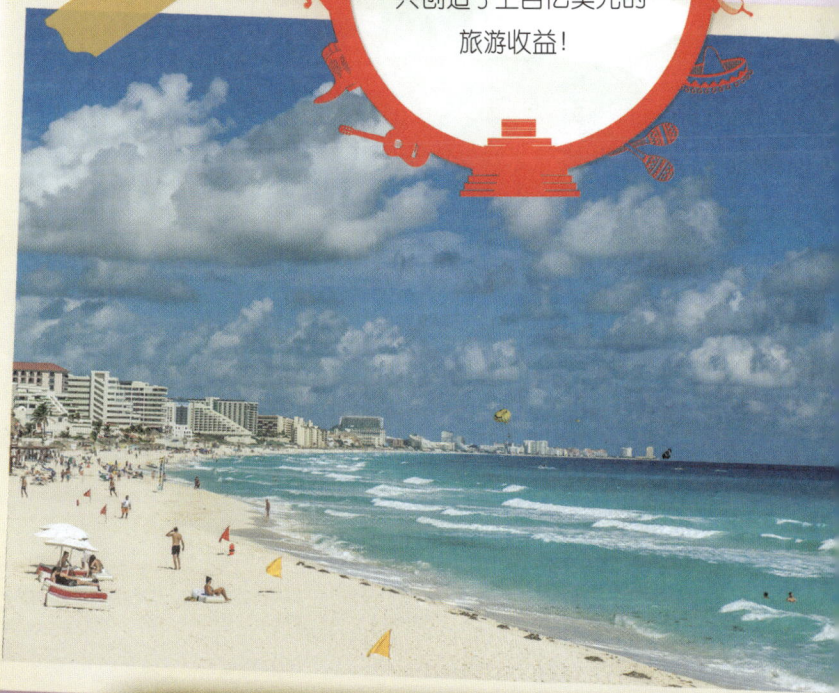

你知道吗？

2013年，近2 500万外国游客来到墨西哥，一共创造了上百亿美元的旅游收益！

农业与工业

　　墨西哥土地面积广袤，气候多变，适宜绝大多数农作物生长。然而，如今的墨西哥农业已经不像过去那么发达了，大约只有1/7的墨西哥人仍在从事耕种，大部分农村家庭以自给自足为主，如果有多余的粮食，就拿到当地市场售卖。这样的生活并不那么容易，但如果你想去静谧而慢节奏的地方逛一逛，那么墨西哥的乡野挺适合你的。

在墨西哥的一些地区，仍然采用传统的玉米播种方式。

玉米大国

　　除非你闭着眼睛四处走，才能忽视墨西哥遍地种植的玉米。约在几千年前，墨西哥人就开始将玉米作为主食了。如今，按照种植规模的不同，墨西哥的玉米分为家庭种植与农场生产两种形式。墨西哥的重要农作物还有水果和蔬菜，尤其是西红柿，每年的出口量超过100万吨。还有，别忘了糖和咖啡！

墨西哥约有3 000万头牛、1 600万头猪、900万只山羊和近5亿只鸡，每年供应数百万吨的牛肉、猪肉和家禽。为了给动物提供足够的饲料，墨西哥需要进口大量的谷物。事实上，墨西哥对相应农产品的进口额已经超过肉类出口的收益。

位于墨西哥南部的恰帕斯州草木丰茂，奶牛拥有充足的食物。

乡村生活

与快节奏的城市生活截然相反，墨西哥的乡村仿佛是另一个世界。许多房子是木屋或泥坯房，没有路标，人们使用明火做饭。虽然大多数地区已经通电，但仍有约100万人尚未享受到电气的福利。许多家庭只有一小块土地，难以靠耕种谋生。与之形成鲜明对比的是那些大型农场的农场主，借助现代机械牟取了巨大的利润。

新鲜采摘的农产品在城市的农贸市场上出售。

你知道吗？

墨西哥出口的牛油果、青椒和酸橙比世界上任何国家都多。

体育王国

毋庸置疑的是，墨西哥人对体育的态度相当认真。古时候，如果在一场仪式性的球赛中落败，那么失败者可能会被献祭给神灵。事实上，哪怕到了现在，人们依然冒着生命危险参加危险的斗牛比赛和骑术表演。不过，在墨西哥，最受欢迎的运动还是足球，至少有800万墨西哥人踢足球，每逢盛大的比赛日，足球场的看台上可能会聚集10万名狂热的球迷。

墨西哥球迷穿着绿白红配色的球衣，举起国旗，为所支持的球队加油呐喊。

疯狂足球

一场球赛就足以让这个国家陷入瘫痪状态，尤其是在墨西哥参加世界杯比赛的时候——几乎所有人都去看球赛了。墨西哥的足球国家队一共获得15次世界杯参赛资格，在北美洲诸多球队中名列前茅，长年位居国际足联世界排名前20位，在国际足联联合会杯和泛美运动会等比赛中也表现不俗。2012年，当墨西哥国家队在伦敦奥运会上赢得金牌时，球迷们简直疯狂到了极点。

哈维尔·埃尔南德斯正准备传球。

知名球星

墨西哥国家队历史上的最佳射手是哈雷德·博尔格蒂，在2008年退役之前，他在职业生涯中一共攻入46粒进球。在当今的墨西哥足坛，前锋哈维尔·埃尔南德斯是一代领军人物，他曾效力于曼联足球俱乐部，在第一个赛季踢进20球，后被租借到皇家马德里足球俱乐部，现效力于洛杉矶银河足球俱乐部。哈维尔的球衣上写着"Chicharito"，意思是"小豌豆"，这是因为他的父亲拥有一双绿色的眼睛，曾被昵称为"豌豆"。

传统运动

你可能已经见过著名的墨西哥职业摔角手的面具。这些运动员身形灵巧，通过一系列精心编排的动作展开格斗。墨西哥还有一项传统运动，叫作"墨西哥传统骑术"，这是一种牛仔竞技比赛，由穿着传统服装的牛仔组成团队进行比赛，一般包括骑野马和公牛，以及用绳子或套索捕捉动物等项目，以此来考验他们是否具备男子汉气概。

这个戴着面具的"摔角手"看起来相当认真！

你知道吗？

在摔角手当中，El Santo 是墨西哥体育界的传奇人物，他的摔角职业生涯持续了近50年，而且他的形象还曾经多次出现在漫画与电影中。

交通出行

按面积来算墨西哥是一个大国，不过国内出行非常便利。它的机场数量约有1 714个，仅次于美国和巴西；如果你不想坐飞机，也可以乘坐长途巴士，在多车道高速公路上一路畅行，或者搭乘公共的士。此外，乘坐摩托车的士在城里转悠也是一项不错的消遣，要是你身处僻远的乡村，那就骑上一头驴子吧！

你知道吗？

为了应对交通堵塞，墨西哥城的超级富豪们出门会乘坐直升机，并在建筑物的屋顶起降。

观光铁路

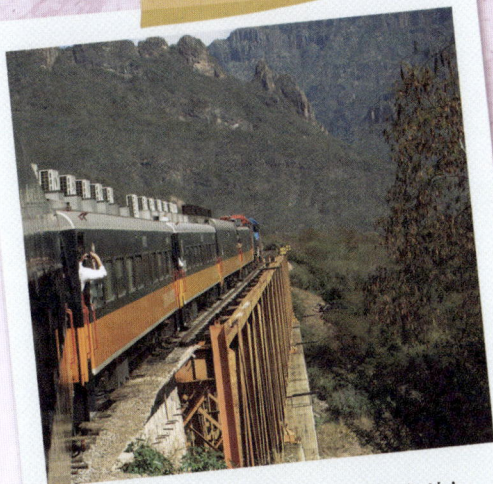
这列火车可不是给胆小鬼乘坐的！

在墨西哥，客运铁路数量极少，也相当分散。不过，千万别错过铜峡谷铁路线，这一定会成为你毕生难忘的美好体验。这条铁路线全长655千米，总共跨越36座桥梁，穿过87条隧道，将墨西哥北部干旱的高原内陆与太平洋海岸相连接。沿途的风景变幻多端，一路穿越陡峭的峡谷、湍急的瀑布和尘土飞扬的荒漠化平原，地势起伏大，多急转弯，所以欣赏风景的时候也要当心哦！

多彩木船

霍奇米尔科距离喧嚣的墨西哥首都市中心仅1小时车程，但风景却大异其趣。这座小镇建于阿兹特克人挖掘的古老运河网之上，色彩鲜艳的、类似平底船的船只在运河和岛屿周围游弋，宛如浮动的花园。当地人和游客都使用这种船只作为交通工具。在周末，霍奇米尔科总是洋溢着热情浓郁的派对氛围，周围的小船上还有流浪乐队和出售食物的小贩们。

你可以在这里租一艘船，
在美食与音乐中打发时光。

单车出行

在墨西哥城的通勤高峰期，交通拥堵状况十分严重，选择单车出行可能是某地到另一个地方的最佳方式。"生态自行车计划"是由墨西哥政府出台的一项规划，即在城市周边提供公共自行车租借服务，每天的总使用量超过25 000次。墨西哥城还针对机动车设有"禁行日"，每到星期天，禁止汽车在主干道通行，人们可以在城里自由地漫步。以上的所有措施，都是为了缓解墨西哥城的空气污染程度。

什么，市区没有交通堵塞？
那今天一定是星期天！

野生世界

如果你是一个野生动植物爱好者，那么带上双筒望远镜，来墨西哥看一看吧！墨西哥是"超级生物多样性"国家，也就是说，这个国家比地球上绝大多数国家拥有更多的物种。具体而言，墨西哥有超过20万种不同种类的动植物，其中有上千种无法在其他地方找到，还有许多恐龙化石。

每年冬天，数以百万计的帝王蝶会开始迁徙之旅，从美国和加拿大飞往4 000千米之外的墨西哥。目前，帝王蝶过冬的栖息地已经被当地政府划为特别保护区，无数蝴蝶密密麻麻地聚集在树干和枝丫上，场面蔚为壮观。

火山兔是墨西哥特有物种，体型极小，非常罕见，主要生活在墨西哥四座火山的山坡上。

谬龙是一种巨大的素食性恐龙，约1.5亿年前生活在墨西哥。

灰鲸会从北极海域一路溯游，到墨西哥温暖的水域进行繁殖。它们经常被一种叫作藤壶的节肢动物附着，所以看上去就像是海上的坚硬岩石。

墨西哥东部有一种仙人掌，叫作"老人球"，这是因为它身上覆盖着蓬松的银白色绵毛，俨然一位白发仙翁。

一品红原产于墨西哥，是一种色泽鲜红的植物。过去，阿兹特克人曾经用它提炼红色染料，并当作退烧药使用，现在则主要作为圣诞节的装饰植物，又叫作"圣诞红"。

作为猫科动物中的猛兽，美洲虎是草原上最为凶猛的猎手，阿兹特克人因此将他们最勇敢的战士誉为"美洲虎武士"。不过，美洲虎在墨西哥处于高度濒危状态。

日常生活

在墨西哥，过节可是一件大事！这是一个热情友好的国度，墨西哥人总是把家庭生活和节日庆祝放在首位。每当民族节日、国家节日或地方节日来临，人们都会举办盛大的派对，而且在派对上一定会玩一种叫作皮纳塔的游戏。皮纳塔是在墨西哥相当受欢迎的游戏，游戏规则是用棍子将装满糖果和玩具的纸罐敲碎。

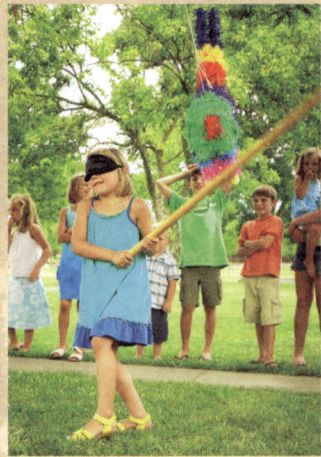

作为墨西哥的传统游戏，皮纳塔已经在全世界范围内流行起来。

校园生活

墨西哥学生上学的第一件事就是唱国歌，上午8点左右开始正式上课，课程内容包括西班牙语、英语、数学、美术和历史等。下午3点，学生们放学回家，先吃午餐，再做作业或者干家务——墨西哥人就餐时间比较晚。学龄儿童一般在6岁到16岁，有一些孩子会为了干活养家而早早辍学，不过目前超过93%的15岁及以上的墨西哥年轻人具有读写能力。

在墨西哥，有98%的学龄儿童接受教育。

化装舞会是亡灵节的重要组成部分。

亡灵节

　　墨西哥人相信，死者的灵魂每年都会返回人间一次，是不是听起来有点吓人？每年的11月1日是过世的孩子回来的日子，而过世的大人们则在2日返回，这两天就是墨西哥的亡灵节，包括幼灵节和成灵节。为了祭奠逝世的亲朋好友，墨西哥人会用食物、鲜花、照片和糖头骨来制作和装饰祭坛。这一节日也改变了他们的死亡观，死亡不再令人畏惧，而是象征着相聚与狂欢。

经济发展

墨西哥经济发展迅速，截至2021年，世界排名十五，这对本国百姓而言是相当鼓舞人心的。不过，墨西哥国内的贫富差距依然很大，腐败犯罪率高居不下，政府面临着如何公平调控分配的严峻挑战。

出国务工

越过边境去美国"淘金"，对于墨西哥人来说是司空见惯的。墨西哥人已成为美国最大的移民群体。在墨西哥，唯一能创造外汇顺差的工业是石油出口。

墨西哥的工人平均每周工作45小时，比许多工业化国家工人的工作时间都长。

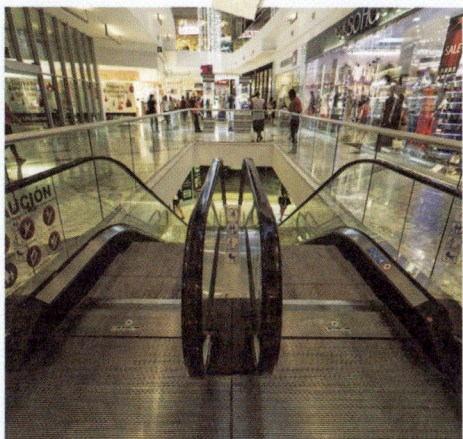

在墨西哥的城市里，购物广场如雨后春笋般涌现。

经济成效

如果用数字来展示墨西哥的贫富差距，那么墨西哥富人们的收入是穷人们的13倍！值得高兴的是，墨西哥的中产阶级正在崛起，越来越多的墨西哥人有机会接受教育，找到好工作。随着收入的增加，他们的生活水平不断提升，可以去餐厅吃饭、买名牌服装，房子、汽车和电脑也都不再是富人们的专属。

美资工厂

墨西哥与美国签署北美自由贸易协议（NAFTA）之后，两国之间的贸易往来越来越方便。2013年，墨西哥向美国出口了超过3亿美元的产品，主要是石油、车辆和电信设备。在墨西哥边境还建立了大量的美资工厂，工人们的工资很低，他们的工作主要是把进口零件加工成汽车和电视等产品。

这家工厂为一家美国汽车公司生产方向盘。

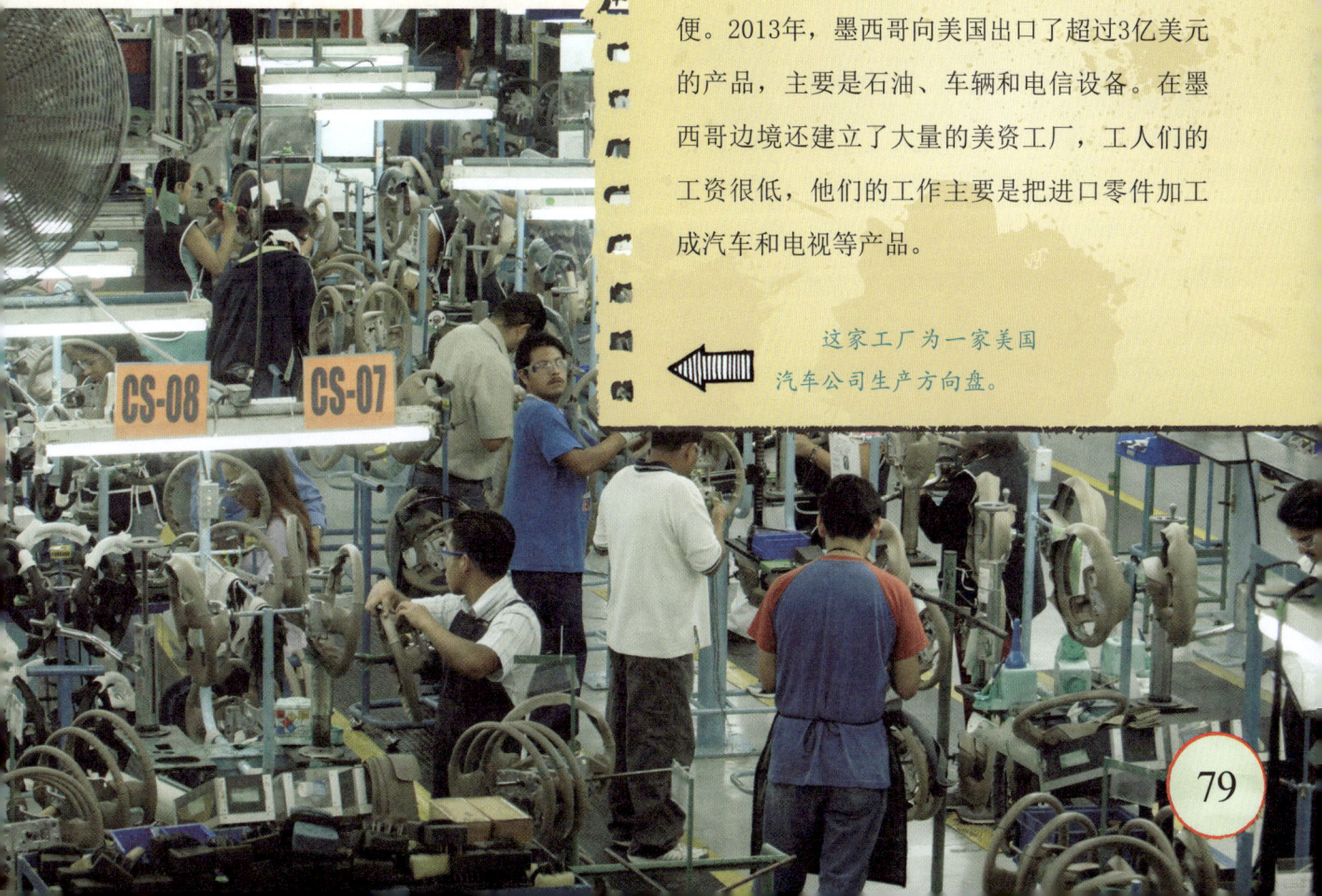

吃在墨西哥

如果你总是早早地吃饭，那恐怕会在墨西哥饿肚子了。受到西班牙人的影响，墨西哥人用餐时间相对较晚，约在下午2点到4点吃午餐，这也是他们的正餐。墨西哥人的早餐很丰盛，什么都有，比如一杯速溶咖啡配上墨西哥辣酱煎蛋卷等各种小吃。晚餐一般吃得很清淡，可能是一碗汤或者一盘玉米饼。

你知道吗？

墨西哥是可可产地之一，也是巧克力大国。早在公元前1900年，这里的人们就在用可可豆制作饮料，阿兹特克人还将可可豆作为货币使用。

天然香料

墨西哥食物一向以独特的风味著称。辣椒作为世界上栽种范围最广的香料，它的原产地就在墨西哥，有一位西班牙征服者曾经说过，如果一顿饭里没有加辣椒，墨西哥的土著人就会觉得食不知味。墨西哥辣椒的大小、颜色和辣度各不相同，几乎每道菜都会放上一些。一定要小心哈瓦那辣椒，这是这里最辣的辣椒品种之一，会辣得你涕泗直流！

如果你不能吃辣，就千万别吃墨西哥的辣椒。

墨西哥酱汁

关于墨西哥酱汁（mo-lay）的由来，有这样一个故事：在粮食短缺的年代，一位客人突然来到一户人家，为了招待客人，两名姑娘倾其所能，将她们能找到的所有原料都磨碎，放进锅里炖，最后炖出了可口的酱汁。

如今的墨西哥酱汁仍然混合着许多原料，比如辣椒、大蒜和巧克力，等等。牛油果酱则不太一样，它是用磨碎的牛油果制成的蘸酱，通常搭配番茄沙司和墨西哥炖豆一起食用。

墨西哥酱汁有不同的颜色，比如上图的棕红色，还有黑色、绿色等。

玉米饼的五种吃法

玉米饼是墨西哥的传统食物，是一种由玉米粉或面粉制成的大饼。以下是几种食用方法：

塔可

墨西哥薄饼

塔可：即墨西哥玉米卷，分为软塔可和油炸的硬塔可，通常会在玉米饼皮里包裹各种馅料（比如，墨西哥瓦哈卡州的人们会在塔可里加麻辣蚱蜢）。

汁拉贵司：将玉米饼切成小块后油炸，上面撒上莎莎酱、鸡蛋和奶酪，通常在早餐时食用。

辣椒肉馅玉米卷饼：将裹着馅料的玉米饼卷起来，浸满番茄辣椒酱，然后进行烘烤。

墨西哥薄饼：在玉米饼中加入奶酪以及任何你喜欢的馅料，对半折叠后进行煎炸。

托斯它达：将玉米扁饼或者已经不太新鲜的玉米饼进行深度油炸，再加上配料一起食用。

恢宏艺术

无论是石雕、银器、串珠，还是糖塑，墨西哥人的一双巧手几乎可以在任何领域创造出杰作。在墨西哥，不管你走到哪里，都会见识到一些与众不同的玩意儿，比如五光十色的民间纺织品、纸雕娃娃，等等。这些艺术品都充满趣味性和想象力。打开电视，在墨西哥人最喜欢看的肥皂剧中也随处可见它们的踪迹！

节日面具

几千年来，无论是跳舞、过节，还是出席其他仪式，墨西哥人总是戴着面具。人们相信，通过面具的魔力，能把佩戴者变成他们所展示的任何生物或神灵。面具通常是用木头手工制作的，有时也用椰子壳，现在的面具还常常被涂上鲜艳的颜色。

这个面具是用彩绘黏土制成的。

你知道吗？

每年的圣诞节期间，瓦哈卡州都会欢度"红萝卜之夜"。当天，工匠们会把大个头的蔬菜雕刻成人形，或者其他别出心裁的形状。

土著艺术

墨西哥的每个地区都有独特的艺术风格。在瓦哈卡州的土著村落里，你会看到五颜六色的编织地毯、精雕细刻的木头动物和黑色的陶器；在普埃布拉州，最著名的特产是一种叫作塔拉韦拉的釉面陶瓷；要是你喜欢精美的珠饰品，那可以去哈利斯科州逛一逛。

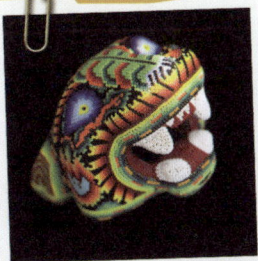

珠饰品

塔拉韦拉

艺术伉俪

迭戈·里维拉和弗里达·卡洛是20世纪的两位伟大的墨西哥艺术家，也是一对夫妇。他们曾一度离婚，后来又复合了。弗里达以个性张扬的自画像系列作品闻名于世，迭戈在公共场所绘制了大量的壁画，通过作品展现他对墨西哥历史和政治的看法。

《墨西哥的历史》是迭戈·里维拉的壁画代表作

帽子舞曲

穿上华丽的服饰，再戴上一顶墨西哥宽边帽，你就可以来一曲"马里亚奇"了！马里亚奇是墨西哥的民间音乐，使用弦乐器演奏，经常作为一些民间舞蹈的伴奏。其中，墨西哥帽子舞的风格轻松，而踢踏舞的舞步繁多，甚至还会把地板踩坏。

虽然玩音乐的不一定要蓄胡子，但这正是马里亚奇乐队的造型之一。

83

欢迎来到巴西

出发吧！

欢迎来到巴西！这是一个与众不同的大国，领土几乎覆盖了南美洲一半的面积。巴西有郁郁葱葱的热带雨林与熙熙攘攘的城市，还有热爱派对的巴西人。这片土地见证了历史上最优秀的足球运动员的诞生，也记录了世界上规模最大的街头游行。想跳一支闪耀全场的桑巴吗？想和牛仔们在原野上驰骋吗？想挑战一下致命的食人鱼吗？来巴西吧，你绝对能经历一场非凡的大冒险！

巴西"美景市"贝洛奥里藏特的潘普尔哈泻湖。

小档案

国旗：

国土面积：851.49万平方千米

人口：2.15亿（截至2022年10月的统计数据）

首都：巴西利亚

国界：长达1.6885万千米，与10个国家接壤

货币：雷亚尔

树懒是巴西热带雨林的特有物种，这类动物长年生活在树上，主要以桑科植物的嫩枝、幼叶及芽为食。最有趣的是，这些动物行动十分缓慢，无论什么时候都看起来懒懒散散的，它们大概是这世界上最悠闲的动物了吧！

巴西流浪蜘蛛是世界上毒性最强的8条腿动物，所以，千万不要踩到它！

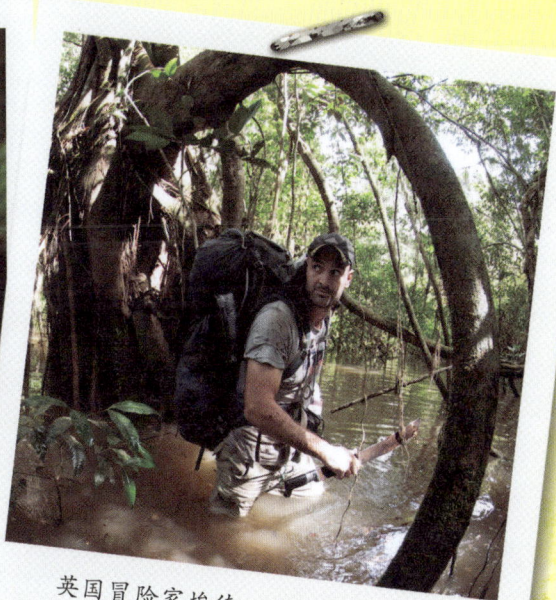

英国冒险家埃德·斯塔福德用860天的时间徒步穿越了亚马孙河。据统计，他一路上遭到了大约5万只蚊子、600只黄蜂和12只蝎子的叮咬。

种族大熔炉

据说，在巴西，你可以见到世界上所有不同肤色的面孔！更准确的说法是，没有比巴西的种族构成更多样化的国家了，这里堪称"种族大熔炉"，拥有约两亿人口，他们来自全球各地。如今，巴西已经是世界上排名第五的人口大国。

早期移民

1500年，当葡萄牙探险家抵达巴西时，眼前的景象令他们大吃一惊：一群土著居民正手持弓箭，严阵以待！事实上，当时的巴西大概已经有1 000个原始部落，土著居民都说着当地方言，无法与葡萄牙人正常交流。

欧洲人的到来，对巴西的原始部落造成了巨大的威胁。

移民热潮

葡萄牙人在巴西大陆定居之后，彻底打破了当地人与世无争的生活。他们迫使土著居民在甘蔗园里工作，并通过船只将非洲奴隶源源不断地运到这里。因为不堪虐待，或者感染了来自欧洲的疾病，成千上万的土著悲惨地死去。从19世纪末开始，欧洲、日本和俄罗斯等地的移民也纷纷来到巴西，从事咖啡和橡胶贸易，巴西的人种变得越来越多样化。正是因为这一拨移民潮，如今人们才能在巴西享用比萨或寿司等舶来美食。

你知道吗？

移民到巴西的黎巴嫩裔人的数量，比黎巴嫩本国的人口还多。

如果你能用这种方法钓到鱼，就可以美美地享用一顿晚餐。

混血人种

多年以来，随着移民、土著人和非洲人之间大量通婚，巴西的混血人种在总人口中占据了相当大的比重。大多数巴西人是欧洲人或欧洲人和土著人通婚的后裔，当然，也有少数巴西人并没有欧洲血统。比如，在亚马孙河流域深处，还保留着一些原始部落。他们仍在使用弓箭狩猎，并在棕榈树上搭建房屋，其中一部分人从来没有与外界接触过。

巴西是个多民族的国家，不过，每个人都为自己是巴西人而感到自豪。

里约热内卢

作为巴西曾经的首都，里约热内卢现在是南半球最热门的旅游城市，深受全世界游客的欢迎。里约热内卢拥有美丽的海滩和壮观的景致，还会举办多姿多彩的狂欢节，每年都吸引着150多万游客前来参观。这个城市的总人口约有700万人，建有巴西最大的体育场。里约人天性乐观开朗，热爱日光浴等户外活动。里约的无限魅力，也让它成功当选为2016年奥运会的东道主城市。

非凡之城

如果想从另一个高度俯瞰里约热内卢，可以乘坐缆车登上糖面包山。当然，热爱冒险的人也可以在这座海拔396米的山峰上体验攀爬或索降的乐趣。在糖面包山下，有绵延数千米的伊帕内马和科帕卡巴纳等著名海滩，海水蔚蓝，浪花雪白，沙滩明净，风景美不胜收。里约热内卢还有世界上最大的城市森林——蒂茹卡国家公园，你可以搭乘滑翔伞或滑索穿过枝叶繁茂的丛林，不过，沿途可要小心猴子出没哦！

在葡萄牙语中，"里约热内卢"的意思是"1月的河"。

尽管里约热内卢简称为"RIO"（即葡萄牙语中的"河流"的意思），但这座城市并不是依河而建，而是坐落在海湾上。

里约奥运会

2016年，奥运会和残奥会首次在南美洲举办，共有205个国家的10 500多名运动员来到里约热内卢，参加这一盛大赛事。为了迎接来自全世界的体育迷们，里约热内卢紧锣密鼓地筹备场馆建设，16个新场馆和1个奥运村拔地而起，后者可提供1.7万张床位。与此同时，巴西作为云集着众多体育明星与粉丝的体育大国，在这届奥运会上也具有很强的夺金实力。

里约热内卢击败了东京、芝加哥和马德里，成功获得2016年奥运会的主办权。

足球王国

如果说有一件事情能让巴西举国上下陷入"瘫痪"状态，那必然是足球！足球在葡萄牙语中叫作"futebol"，对于巴西人而言，这不仅仅是一项运动，更是一种文化信仰。在大型足球赛事举行期间，巴西的公司和银行纷纷关门，因为所有人都去赛场上加油助威了，2014年在里约热内卢举行的巴西世界杯，更是万人空巷，盛况空前。在巴西，排球、赛车和帆船等体育运动也很受欢迎，但是都无法与足球相提并论。

当巴西队赢得比赛时，巴西球迷们欢呼奏乐，街道上汽笛长鸣，纷纷为这支冠军球队庆祝。

世界杯冠军

截至2022年，巴西共5次夺得世界杯冠军，是历史上夺得世界杯次数最多的国家。这支著名的"黄衫军团"也曾经两度获得亚军，但是在巴西人眼中，亚军就意味着失败。2014年，作为世界杯的东道主，他们希望能在修缮一新的马拉卡纳体育场重新捧起冠军奖杯。马拉卡纳体育场位于里约热内卢，是世界上最大的运动场馆之一，最初是为了1950年的世界杯而建造的。

街头足球

为什么罗纳尔迪尼奥、卡卡和内马尔这些巴西球星的球风如此迅速、潇洒？那是因为他们从小就踢球！对巴西的孩子们来说，踢球就像走路一样，是自然而然就学会的事。他们可以光着脚在街头、海滩或荒地等任何地方踢球，即使没有球也没问题，饮料罐、石头或午餐盒都可以代替足球。

球王贝利

当被问到贝利怎么拼写时，一位记者是这么回答的——"G-O-D"（即"上帝"的意思）。尽管贝利在20世纪70年代就挂靴退役，离开了球场，但这位完美的前锋永远都是巴西的民族英雄，他曾率领巴西队赢得3场世界杯的胜利，在职业生涯中一共攻入1 281个进球。

巴西人觉得光着脚踢球对培养运球技巧大有好处。

卡卡是有史以来第一位在推特上获得1 000万粉丝关注的运动员。

你知道吗？

在1950年世界杯的决赛日，马拉卡纳体育场座无虚席，约有20万名球迷在现场观看了这场比赛。这是有记录以来足球比赛观看人数最多的一次。遗憾的是，巴西队并没有夺得这场比赛的胜利。

93

热带雨林

作为当之无愧的大国，巴西地域辽阔，国土面积是英国的35倍，甚至超过了整个欧洲（不包括俄罗斯在内）。巴西境内总共跨越了3个时区，也就是说，当马瑙斯是上午11点时，巴西利亚正值晌午，而费尔南多·迪诺罗尼亚群岛已经是下午1点了。地球上近1/4的淡水都流经巴西，巴西的森林覆盖面积几乎等于印度大部分的国土面积。在巴西，你可真得小心迷路！

你知道吗？

亚马孙河发源于秘鲁，是世界上流量最大的河流，它的总长度相当于从美国纽约到德国柏林的距离。

亚马孙河流域广阔，河流长度约为6 400千米。

伊瓜苏瀑布位于巴西和阿根廷的交界处，在高度和宽度上都比尼亚加拉瀑布更胜一筹。

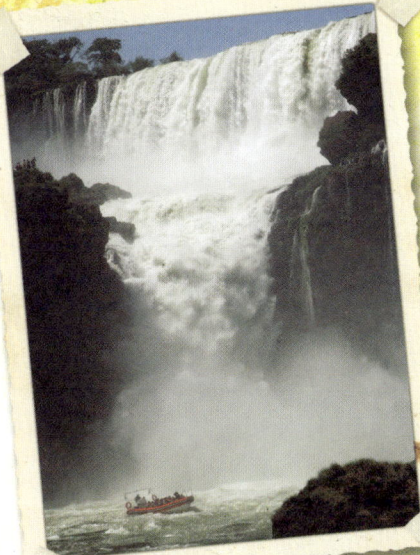

巴伊亚内地高原区位于亚马孙河以南，是一片广阔的高地，气候宜人，夏季温暖，冬季凉爽湿润。红岩峡谷和瀑布是高原区最具特色的景观。巴西东北部光照时间长，有时会出现旱情，但那里的海滩和沙丘对游客而言都极具吸引力。从巴西本土海岸乘坐短途飞机，可以抵达费尔南多·迪诺罗尼亚群岛，这里是海龟和鲨鱼等动物栖息的家园，也是冲浪者们的天堂。

南部沼泽区

每当雨季来临，巴西西南部的流域就会泛滥成灾，洪水淹没了大部分土地，一座座小岛浮出水面。潘塔纳尔湿地是世界上最大的湿地，这里曾经是一片内陆海，人口密度低，并没有形成城镇，偶尔有牛仔出没。这里是巴西最适合观测动物，尤其是观察鸟类的地方之一，如果你胆子够大的话，甚至可以钓到食人鱼！

在潘塔纳尔湿地，不仅有许多鱼类朋友，也有人类的"敌人"。

亚马孙河流域

如果独自在亚马孙河流域行走，你肯定会迷路。这里如同迷宫般神秘莫测，河流和雨林几乎覆盖了巴西近一半的土地，其中热带雨林地区常年闷热潮湿，徒步旅行者需要用砍刀在茂密的植被中开辟道路。当然，这里也是野生动物的天堂，你可以见到水蚺、凯门鳄、电鳗等各种各样的动物，不过，它们可不是人类的好邻居哦！

食人鱼有锋利的牙齿和旺盛的食欲。

自然资源

地球上很少有地方能和巴西一样，拥有如此丰富的自然资源。光是在热带雨林地区，就生长着约占所有物种1/10的动物和至少5万种植物。从棉花到各种稀奇古怪的水果。不过，这些野生动植物有的是迷人的，有的却是致命的……

如果你遇到毒箭蛙，请千万不要触碰它们！毒箭蛙鲜艳的皮肤对人类来说是很危险的。玻璃蛙相对比较安全，它们的皮肤是透明的，所以可以看到身体里面的所有构造。

亚马孙王莲是一种大型植物，在野外很容易被发现。它的叶片直径长达3米，能够承受一只小动物甚至一个孩子的重量。

据说，遭到子弹蚁叮咬后带来的刺痛感，不亚于直接被子弹击中。

右图这种黏稠的白色汁液是天然乳胶，是从橡胶树上提取出来的。过去，土著居民会把乳胶涂在脚上，当成鞋子来穿。如今，人们通常将乳胶进行硫化，加工成各种各样的橡胶制品。

水豚是世界上最大的啮齿动物，就像一只生活在水里的大型豚鼠。它有蹼状的双足，可以游泳和潜水，并且可以屏住呼吸长达5分钟。

亚马孙河流域生长着粉红色的淡水豚，这种亚马孙河豚的脑容量比我们人类的还大40%。

巴西坚果来自生长在亚马孙河流域的野生栗树的豆荚，每一颗坚果都是手工采摘的。采摘工人们知道栗树的果实什么时候成熟，因为熟透的豆荚会从树上掉落。不过，假如当时你正好站在果树下面，那就会被砸中啦！

交通出行

巴西地域广袤，铁路网覆盖率也不高，所以尽管公路路况差，还经常堵车，大多数巴西人依然会选择公路出行，比如夜间的长途巴士在巴西就很受欢迎。城市之间较为快捷的出行方式是乘坐飞机，不过巴西的主要航空枢纽在南方，有时会需要转机。出行时，请记住这句话："耐心等待，享受旅途！"

河道交通

当你置身于巴西的丛林深处或被雨水淹没的道路中时，唯一的出行方式就是乘船。乘客们会乘坐悬挂着吊床的渡轮，在亚马孙河上穿梭，船上播放着震耳欲聋的音乐，还有电影放映和现场演出；驳船负责运载木材或矿产等货物；渔船则将捕获的河产送到港口的集市上。在巴西，孩子们还可以搭乘独木舟去学校——这其实很简单，只要坐在挖空的树干上，划桨即可。

在港口城市马瑙斯，几艘内河船正在等待乘客登船。

甘蔗燃料

糖也能作为驱动汽车的燃料，听起来是不是很不可思议？在这里，你完全可以做到！巴西的大多数汽车都属于灵活燃料车型，也就是说，它们可以使用乙醇燃料（原料是甘蔗），也可以使用传统燃料。从大豆中加工提炼的生物柴油，也是巴西的重要燃料。此外，巴西的另一种特产——橡胶，也对汽车行业的发展起到了重要作用。汽车轮胎是橡胶制品，所以大多数主要的轮胎生产公司都在巴西设有工厂。每年，巴西国内制造的汽车超过300万辆。

甘蔗富含能量，既可以为我们提供糖分，也可以为我们的汽车生产乙醇燃料。

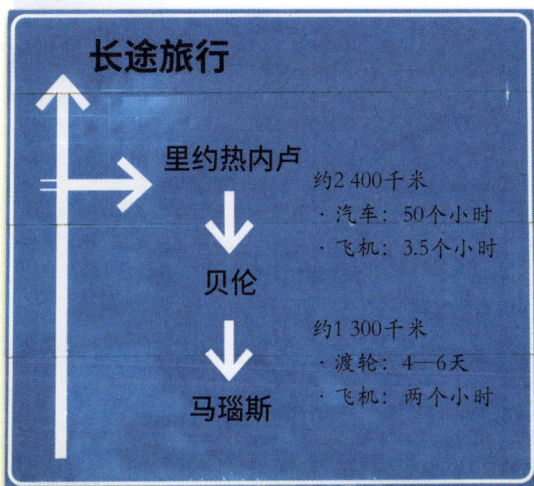

长途旅行

↑ →

里约热内卢 约2 400千米
· 汽车：50个小时
· 飞机：3.5个小时

↓

贝伦 约1 300千米
· 渡轮：4—6天
· 飞机：两个小时

↓

马瑙斯

直升机之城

尽管巴西国内提倡绿色环保燃料，但由于交通拥堵过于严重，许多巴西城市依然面临着严峻的环境污染问题。在圣保罗，每天都有数百辆新车上路，拥堵路段可长达295千米，比英国的两座城市——伦敦和曼彻斯特之间的距离还要长！对于那些富得流油的商人来说，他们会通过乘坐直升机来避开大塞车。所以，圣保罗拥有世界上最多的私人直升机，高楼的房顶上也建有大量的直升机停机坪。

如果不想陷入世界上最严重的交通堵塞，那就只能从空中飞过去。

超级城市

巴西城市的特点是喧闹、繁忙而庞大，多少会令人望而生畏。如今，有超过1.7亿巴西人居住在城市里，这与50年前形成了巨大对比——当时，全国2/3的人口都属于农村人口。作为世界上最大的城市，首都巴西利亚是1900年才建造起来的，现在已经成为260多万人的家园。在圣保罗，居住着1 100多万人，他们被称为"圣保罗人"。

圣保罗以其林立的高楼大厦和快节奏的生活方式而闻名于世。

圣保罗

圣保罗是巴西最大、最繁忙也最富有的城市，当地人也称其为"桑帕"。城里约有280家电影院、120个音乐厅、71座博物馆、15 000家酒吧和12 500间餐厅，看得出圣保罗人都非常会享受生活。不过，在悠闲的里约人眼中，圣保罗人依然非常勤奋——甚至可以称得上是工作狂。圣保罗拥有异彩纷呈的移民文化，在城里的91 000多条街道上，时时刻刻都在发生有意思的故事。

巴西棚户区

不是每个人都能够享受富足的城市生活，事实上，约有1 200万巴西人生活在贫民窟，也叫"棚户区"。他们生活贫苦，只能寄身于简陋的临时居所里。这些区域的犯罪率高，卫生条件差，但人们依然拥有乐观向上、积极进取的精神。许多居民正试图通过开展一些特色规划或业务，比如举办冲浪学校、成立音乐团体和开设手工艺品商店等，改善周边的生活环境。此外，在导游的陪同下，游客们也可以付费参观一些棚户区的全貌。

棚户区的房屋坐落在里约热内卢周边的陡峭山坡上。

巴西利亚

关于巴西利亚这座现代首都的设计，设计师们采用了一种未来主义风格——如果从空中俯瞰，整个城市的布局形状就像一架喷气式飞机。最初建造的时候，距离巴西利亚最近的铁路有175千米，最近的公路则有400多千米，交通极为不便。所以这座新型城市能在短短4年之间平地而起，效率是相当惊人的。巴西利亚是巴西政府的所在地，拥有许多极具艺术性的建筑，因而被《世界遗产名录》列为文化遗产。

你知道吗？

除日本以外最大的日本人社区，以及除意大利以外最大的意大利人社区，统统都在圣保罗。

101

日常生活

在巴西这样的国家，天堂与地狱般的生活可能只有一线之隔。我们能在海边的酒吧看到许多有钱人聚众狂欢，但与此同时，那些贫穷的农民却深陷于食不果腹的潦倒境地。毋庸置疑的是，巴西城市和农村的贫富差距悬殊，但也有一些特点是所有巴西人都具备的，比如他们非常友好，重视家庭，热情好客，等等。此外，巴西人往往都有个毛病，就是爱迟到。

校园生活

想象一下，从早上7点就开始一天的校园生活，是什么样的感受？但是这对于巴西的孩子来说很正常，有些孩子甚至不得不在教室里吃早餐。巴西学校的设备和师资都相对短缺，这意味着常常只能轮班上课——上午上学的学生会在中午放学，等午饭之后，再换一批学生来上课。根据巴西的教育政策规定，未满14岁的学生都可以接受免费教育，但依然有许多孩子逃学去工作，挣钱养家。

现在，约98%的巴西年轻人拥有读写能力。

在巴西的海神节上，人们准备了满船的礼物，向海洋女神献祭。

你知道吗？

巴西是一个属于年轻人的国度，国内14岁以下的人口约占总人口的24%，29岁以下的人口约占62%。

牛仔文化

放牛并不是一项轻松的工作，但这已经成为巴西人生活方式的一部分。巴西的牛肉出口量排在世界第一，在乡野之间，牛仔们随处可见。他们的穿衣风格因地区不同而有所区分：巴西北部的牛仔被称为"vaqueiros"，为了越过荆棘丛生的灌木丛，他们会穿上皮衣来保护自己；南方的牛仔叫作"gauchos"，他们穿着宽松的长裤，时而在草原上飞驰，时而在惊险的牛仔竞技中展现勇气与能力。

戴草帽是潘塔纳尔牛仔们的典型装扮。

103

美丽风尚

据说，很多巴西人在路过镜子时都会驻足欣赏镜子中的自己。对他们而言，自恋或者虚荣并不是什么坏事，因为良好的仪态和健康的身体是巴西文化的重要组成部分。巴西人热爱健身，连沙滩上都搭建起了露天健身房；同时，他们也追求美丽，这也促进了医疗美容行业的蓬勃发展。此外，巴西人对时尚的痴迷程度更是世人皆知。如今，来自巴西的设计师和超级名模正在掀起一股席卷世界的潮流。

沙滩宝贝

巴西女性热衷于穿上三点式的比基尼，在沙滩上大秀身材，她们不允许自己有任何赘肉！巴西人会通过疯狂健身来保持美好身段。

里约的白色沙滩上到处都是窈窕女郎和肌肉型男。

国际范儿

对于吉赛尔·邦辰这样的巴西美女来说，美是一种由内而外自然展现的风范。要知道，邦辰一度是全球收入最高的超模。此外，有许多在国际舞台上大放异彩的知名设计师都来自巴西，比如格洛丽亚·科埃略和她的儿子帕特罗·洛伦索。

巴西有里约热内卢时装周和圣保罗时装周，它们都被誉为继世界四大时装周之后的第五大时装周。巴西约有200万名时尚行业从事者，每年创造的销售收入超过4千万英镑。由此可见，在巴西，时尚可不是一件徒有其表的"花衣裳"。

吉赛尔正在展示巴西时尚品牌Colcci的服装系列。

你知道吗？

很多人都为自己的屁股过于丰满而烦恼，但是巴西的丰臀手术却试图给屁股注入更多的脂肪。更令人惊讶的是，这样的身材在巴西非常受欢迎。

传统服饰

在巴伊亚地区妇女的眼中，宽大的褶边连衣裙不仅仅是服装，更象征着一种文化传统。她们的衣着风格源自非洲，通常是穿一条由蕾丝或刺绣面料制成的长裙，再搭配披肩、头巾和珠饰。巴西人对传统服饰十分看重，尤其是在种族成分复杂的南方地区，你会看到来自德国、意大利、日本等各国的特色服饰。不过，亚马孙河流域是个例外，因为有些原始部落压根就不穿衣服。

巴亚纳人来自巴西北部的巴伊亚地区。

艺术殿堂

作为一个迷人的国度，巴西的风景五光十色、美不胜收，艺术成就在全球范围内也是首屈一指的。多年以来，巴西诞生了无数个性十足的画家、雕塑家、作家、建筑师和电影制作人，吸引了全世界的目光。从传统的编织艺术到现代的涂鸦艺术，巴西人在任何艺术领域都拥有敏锐的洞察力。即使是那些不喜欢去博物馆的人，也可以打开电视，从巴西肥皂剧中感受其中的魅力！

涂鸦文化

在25 000多年前，巴西的原始艺术家们就开始在墙壁上作画了。直到今天，当你走进卡皮瓦拉山国家公园的洞穴，仍然可以欣赏到这些作品。巴西街头的许多墙面上都布满了现代风格的涂鸦，这种涂鸦艺术在里约已被合法化，绝对不是乱涂乱画哦！像克拉尼奥这样的街头艺术家，不论身处世界上的哪个角落，都会拿起喷漆罐，往墙上一顿喷洒。他最具代表性的作品——蓝色小人物，独特而又具象地呈现了土著居民的丛林生活。

这些关于鹿和蜥蜴的涂鸦是古代遗留下来的墙绘，被称为巴西的岩石艺术。

肥皂剧艺术

　　尽管电视剧算不上严格意义上的艺术形式，但巴西人却将它视为救世主般的重要存在。巴西的电视剧戏剧性强，收视率高，每天有多达4千多万人次的观众守在电视前收看——而且，这仅仅是国内的收视数据，事实上，巴西电视剧的观众遍及全球各地。位于里约市郊的环球电视网是巴西最大的电视制作中心，每年会拍摄约2 500小时的剧集。巴西人之所以沉迷于电视剧中的情节和人物，是因为它们如同现实的镜像，与巴西社会有着千丝万缕的关系。

足球界的传奇人物贝利也曾经在一部巴西肥皂剧中客串过角色。

你知道吗？

　　因为巴西的肥皂剧实在太受欢迎了，所以连总统都不得不改变计划，取消了一场与电视剧大结局的播放时间有冲突的集会。这一决定是明智的，因为当时有8千万观众收看了大结局，创下了收视率的最高纪录。

对于巴西的另类建筑大师奥斯卡·尼迈耶而言，这堵墙就是展示他的肖像的好地方。

另类艺术

　　2012年，巴西艺术家布伦诺·皮内斯基受邀参加"里约占领伦敦"美术大会活动，他用1万个彩色纸香蕉来装饰英国伦敦，以此传递来自家乡里约的祝福。他的同胞维克·穆尼斯也是不走寻常路，喜欢用意大利面、垃圾、糖乃至钻石等各种素材来创作，曾经用花生酱和果酱复刻了名画《蒙娜丽莎》，还用巧克力制作了"猫王"埃尔维斯·普雷斯利的肖像。

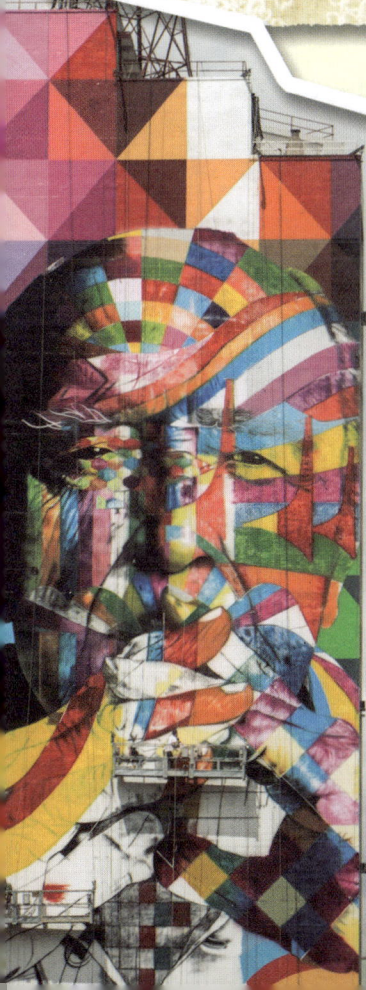

吃在巴西

如果你被邀请去巴西家庭吃午饭，请一定要预留好充足的时间。在巴西，吃饭的时长与用餐者的快乐指数成正比，一家人经常坐在餐桌上谈笑风生，一连聊上几个小时。

巴西全国各地的饮食文化千差万别，但米饭和豆类一定是餐桌上的常客。如果把这两样食物和猪蹄、猪耳朵、猪尾巴甚至猪鼻子混合在一起，就成了巴西的国菜。

黑豆饭

说到巴西的国菜，非黑豆饭莫属。这是一道由黑豆和猪肉炖煮而成的菜式。现在的巴西人经常使用的食材是烟熏猪肉（别担心，没有猪鼻子这种吓人的玩意儿），并搭配米饭、烤木薯粉、油炸甘蓝一起烹调，最后再加上一片橙子。大多数巴西人喜欢在周末煮这道菜，这样才有充足的时间精心烹制并慢慢享用。黑豆饭饱腹感很强，适合当作午餐来吃，因为在睡前不宜吃得太饱。

新鲜猪肉、风干牛肉、烟熏香肠……这些都是黑豆饭的配料，能令肉食爱好者大饱口福。

本土特产

说到巴西的特产，那可真是多到数也数不清。首先是咖啡，要知道，占世界总量1/3的咖啡产自巴西，巴西人的生活也离不开咖啡，他们在一天中的任何时候都可以喝上一杯。其次，你听说过油桃木果或者苏里南樱桃吗？巴西有成千上万种奇异的本土水果，既可以直接食用，也可以榨成果汁或者做成冰激淋。巴西莓是巴西最受欢迎的水果，吃了以后能让人觉得神清气爽。

你想尝一尝棕榈果、椰子、番石榴、可可豆和古布阿苏果的滋味吗？

巴西莓

油桃木果

巴西粽

巴西馅饼

美味小吃

在巴西街头或者沙滩上，香气四溢的路边摊随处可见。以下是一些值得尝试的特色小吃：

巴西馅饼：一种类似饺子的油炸食品，馅料种类非常丰富，包括奶酪、鱼肉和巧克力，等等。

塔卡卡汤：一种用木薯粉、虾和蒲桃等食材炖煮的肉汤。蒲桃是亚马孙流域特有的蔬菜，喝汤的时候会感觉嘴巴麻麻的、辣辣的。

巴西粽：用玉米叶包裹着玉米糊，煮熟后即可食用。巴西粽作为巴西传统美食，一般在播放音乐的货车上出售。

品尝了这么多小吃，是不是得来上一杯饮料？巴西人喜欢喝甘蔗汁、椰子水或者瓜拉纳汽水，"咖啡西尼奥"也是不错的选择——这是巴西最受欢迎的小杯咖啡，味道浓烈，香甜可口。

狂欢盛会

扭动臀部，用力跺脚，伸展双臂，在震耳欲聋的乐声中尽情释放自我——在这个世界上，恐怕只有巴西才拥有如此震撼的派对氛围！在这里，无论是声音、动作或者节奏，都融合了世界各地的传统，每一支舞都在讲述一个故事，每一首曲子都拥有独特的灵魂，每一个节日都让这个国家欢欣振奋。如果你喜欢安静，那么巴西的俱乐部和狂欢节就不适合你，因为这里完全是派对爱好者的天堂！

你知道吗？

每年会有70多所桑巴舞学校参加里约狂欢节，每个学校派出3千到5千名舞者，他们会穿上带羽毛饰品的服装，简直是一场令人目不暇接的视觉盛宴！

卡波耶拉舞

当巴西的非裔移民被禁止使用武力之后，他们就发明了卡波耶拉舞，表面上看起来是在跳舞，实际上却是一种带有音乐伴奏的武术练习，包含回旋踢、侧空翻等大量类似杂技与体操的动作。舞者们通常都在一个圈子里，轮流走到中心位置开始"战斗"，其他人弹奏乐器并唱歌，为主舞伴奏，一种叫作拨铃波琴的弓弦乐器是这种舞蹈常见的伴奏乐器。

跳卡波耶拉舞的时候，你必须踢得很高，然后迅速躲开。

活力桑巴

或许，你身边的朋友已经上过桑巴课了——这一发源于巴西的活力四射的舞种，正在世界各地掀起一股热浪。桑巴融合了非洲黑人音乐的旋律，还会用双头鼓等各种打击乐器和弦乐器伴奏。舞者们都穿着鲜艳而轻薄的舞衣，展现桑巴舞的弹跳技巧——这是桑巴特有的脚步动作，与其说是跳跃，不如说是将膝盖伸缩或拉直。

狂欢时刻

每年复活节的前40天，巴西人就迎来了比寻常生活更丰富多彩的盛典节日，也就是巴西狂欢节。狂欢节历时近1周，举国上下都沉浸在浓烈欢快的节日氛围中。在狂欢节正式开始之前，里约热内卢的一些桑巴舞学校就会根据当年的主题，各展所能地编创音乐，设计服饰与花车，然后走上街头，参加壮观的游行。如果你愿意，也可以盛装打扮一番，加入这支庞大的队伍！

在里约热内卢，举世闻名的狂欢节如同由无数乐曲和舞蹈组成的旋风，令人目眩神迷。

TALENTO VERDADEIRO

发现葡萄牙

欢迎来到葡萄牙

欢迎来到葡萄牙！这个狭长的国家位于欧洲的最西端，是无数探险家的故乡。在大航海时代，葡萄牙一度成为地球上的"霸主"，帝国的领土横跨欧洲、亚洲、非洲、美洲四大洲。虽然曾经的辉煌一去不复返，不过，现在的葡萄牙依然魅力十足，宫殿、城堡、猪、软木橡树、球迷、艺术品等，都是这个国家的关键词。葡萄牙的风景更是美不胜收，阳光、沙滩、海浪和积雪，无不令人心旷神怡。现在，就让我们一探究竟吧！

小档案

国土面积：92 226平方千米

人口：1 034.5万（截至2021年12月的统计数据）

首都：里斯本

国界：长达1 214千米，与西班牙接壤

货币：欧元

国旗：

葡萄牙的巨石村。

罗卡角是葡萄牙境内一个毗邻大西洋的海角，处于葡萄牙的最西端，也是整个欧亚大陆的最西点。

这个国家的捕鱼业非常发达，因为葡萄牙人很爱吃海鲜，比欧洲其他国家的人都吃得多！

葡萄牙的海上全年多浪，是冲浪爱好者的天堂。2013年，在葡萄牙的纳扎尔海岸，美国的冲浪高手加勒特·麦克纳马拉征服了30.5米高的巨浪，创造了吉尼斯纪录。

小国家，大历史

想不想来一趟时间旅行？让我们一起回到葡萄牙的过去，经历真正的大冒险吧！我们可以追随着凯尔特人、罗马人、西哥特人和摩尔人的足迹，一路往前探索，还能见识到勇敢无畏的探险家、挥金如土的君王和独断专行的独裁者，他们都在葡萄牙的历史上写下了浓墨重彩的篇章。葡萄牙建立了世界上第一个帝国，也是现代欧洲史上统治时期最长的帝国。所以，尽管葡萄牙的国土面积不大，故事却多着呢！

置身于科宁布里加遗址时，你会觉得自己仿佛回到了罗马时代。

历史沿革

最早在葡萄牙定居的是凯尔特人。当罗马人入侵时，他们的领袖维里亚图斯曾经奋力反抗，却在睡梦中被刺身亡。公元前19年，凯尔特人被逐出伊比利亚半岛，这意味着罗马人花了近200年的时间，终于征服了葡萄牙。罗马人一直统治到公元4世纪，从公元5世纪开始，日耳曼部落和北非的摩尔人相继入侵葡萄牙。如果你想了解这些故事，可以看看古时候的葡萄牙遗留下来的堡垒、遗址和艺术品，上面都布满沧桑的历史痕迹。

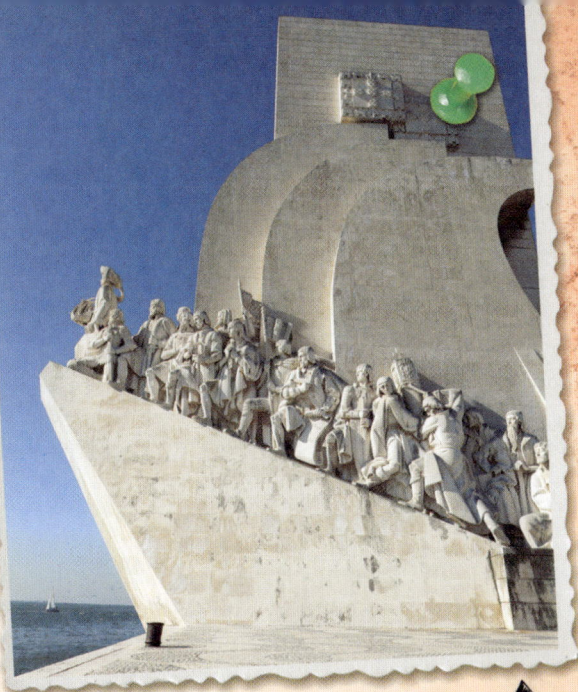

上图是位于里斯本的发现者纪念碑，用来纪念地理大发现时代的葡萄牙探险家们。

地理大发现

15世纪，葡萄牙人扬帆起航，开启了传奇的航海时代。作为欧洲第一批海外探险家，他们穿越赤道，绕过非洲好望角，一路往东，航行到印度，还踏上了南美洲大陆——所到之处，都成了葡萄牙的领土。由此，葡萄牙建立起世界性的殖民帝国，创造了500多年的辉煌。到了16世纪，葡萄牙王朝已经是欧洲最富有的统治者。

位于里斯本的4月25日大桥，就是以"康乃馨革命"爆发的日期命名的。

葡萄牙共和国

20世纪初，葡萄牙成立了共和国。到了1932年，即"第二共和国"时期，总理萨拉查上台，对葡萄牙进行独裁统治，直到1970年去世。经历了数十年的铁腕政治，葡萄牙国内民不聊生，战火不断。1974年4月25日，忍无可忍的叛军冲上大街，推翻了时任的葡萄牙政府。为了表示庆祝，士兵们在枪管里插上康乃馨，因此，这场政变被称为"康乃馨革命"。

户外运动

在葡萄牙的一些地方，一年中有300多天都是阳光灿烂的，所以，无论是当地人还是游客，大家都喜欢到户外玩耍。玩什么呢？滑水、帆船、冲浪、冰球、网球和田径运动……什么都可以！如果你热衷于踢球，在葡萄牙也可以找到不少志同道合的球迷。

你知道吗？

克里斯蒂亚诺·罗纳尔多，也就是我们熟知的C罗，他喜欢收集豪车。他的收藏包括兰博基尼、法拉利、阿斯顿·马丁、劳斯莱斯、宾利、奔驰、保时捷、玛莎拉蒂、宝马等各大品牌。

克里斯蒂亚诺·罗纳尔多准备射门。

疯狂足球

在葡萄牙，当一场足球比赛正在直播时，千万要注意：不能挡住电视！葡萄牙人都是足球爱好者，如果踢球的正好是他们支持的球队，那他们就会变得更加疯狂。著名的葡萄牙足球俱乐部有波尔图和本菲卡，它们经常获得葡萄牙超级联赛的冠军，拥有数不清的支持者。克里斯蒂亚诺·罗纳尔多是葡萄牙国家足球队的巨星，虽然国家队目前还没有夺得含金量高的冠军，但是仍然值得期待。

风驰电掣

葡萄牙的司机们都喜欢飙车，如果是在赛场上，那就更不用说了。葡萄牙国内举办了一系列有关赛车的顶级赛事，包括世界超级摩托车锦标赛和房车锦标赛。越野赛在葡萄牙也很受欢迎，比如著名的葡萄牙拉力赛，起点在里斯本，终点是阿尔加维。如果你更喜欢骑自行车，可以去看看环葡自行车赛，或者自己蹬着车去山上转一转吧。

葡萄牙拉力赛为期3天，赛况非常激烈，高潮迭起。

阳光运动

阿尔加维位于葡萄牙南部，气候宜人，是一座非常适合打高尔夫球的城市。当英国人将这项运动带到葡萄牙后，阿尔加维就成了闻名欧洲乃至全世界的高尔夫球胜地。许多优质的球场坐落在水天交映的海边，还可以顺便欣赏海景，如果你更喜欢水上运动，那就试试风筝冲浪、水上滑板或者潜水吧。

在阿尔加维澄蓝的海面上，一位风帆冲浪运动员正在训练。

119

度假胜地

2012年，约有770万名外国游客来到葡萄牙旅游，对于一个人口不到1 100万的国家来说，这个数字是相当惊人的。葡萄牙拥有阳光普照的沙滩、熙熙攘攘的城市和风景秀美的村庄，除此之外，还有没有更多惊喜等待着我们去发现呢？一起读下去吧！

辛特拉这座小城曾经是葡萄牙王室的避暑胜地，周边环绕着巍峨的宫殿、城堡和公园。雷加莱拉庄园是辛特拉的著名景点之一，在庄园里有一口深井，如果你沿着井里的螺旋式台阶往下走，会看到如迷宫般奇幻的洞穴和隧道。

阿威罗是一座历史悠久的名城，被誉为"葡萄牙的威尼斯"。和威尼斯一样，这里的运河纵横交错，游客们可以乘坐色彩缤纷的小船在城里观光。这种小船是传统的海藻拖网渔船，叫作"摩里西罗"。

1190年，在托马尔城，一位70岁的骑士和他的手下成功地抵御了摩尔人的入侵。如果你想了解这段历史，可以来这里参观神圣的圣殿骑士城堡。

想在宫殿、城堡、修道院或者宏伟的庄园里住上一晚吗？那么，选择入住葡萄牙的波萨达斯国营旅馆吧！以上的许多建筑都已经被波萨达斯改建成了旅馆，对游客开放。

如果你喜欢童话般的村庄，可以去葡萄牙的蒙萨雷斯或奥比都斯逛一逛。在宏伟的中世纪城墙内，白色房屋错落有致地分布其间，这两个村落看上去就像是印在明信片上的风景画。你还可以爬上城垛，俯瞰一望无际的美景。

阳光、沙滩与高山

葡萄牙和西班牙是邻居，它的国土面积却只有西班牙的1/6。不过，葡萄牙依然拥有丰富的自然景观，从高山、森林到沙滩、湿地和平原，应有尽有。葡萄牙气候温暖，是欧洲的温室，相对而言，北部更为凉爽湿润，出门需要携带雨衣，山里的温度冬天还会下降到零下20℃，冻得人瑟瑟发抖；而在南方的夏天，温度却能攀升到40℃，热得人汗流浃背。

你知道吗？

1755年，葡萄牙发生过一场大地震，还引发了海啸。这是欧洲历史上破坏力极大的地震，几乎摧毁了一切，首都里斯本也被夷为平地。

晴朗的蓝天和新鲜的粉雪，是滑雪爱好者最喜欢的组合。

星星山

星星山是葡萄牙本土最高峰的所在地，海拔1 993米。有趣的是，这是一座平顶山，你可以开着车一路驶上山顶。

在星星山附近有一个滑雪胜地，在那里还可以品尝到著名美食——口感柔软的星星山奶酪。如果你不知道用什么面包来搭配这种奶酪，可以去当地的面包博物馆找找灵感！

海边风光

葡萄牙的海岸线长约1793千米，比从里斯本到伦敦的距离还远。其中，西部是大片荒无人烟的区域，尚未得到开发，所以，热爱阳光的游客纷纷拥向南部的海滩。

"地狱之口"是葡萄牙海边的著名景点，它是海浪长期冲蚀岩石而形成的巨大溶洞。每当大浪袭来，如同海洋在咆哮，参观时要格外小心。另一个著名景点是圣文森特角，位于欧洲大陆的西南角，常年海风呼啸，曾经被认为是世界的尽头。

圣文森特角的灯塔非常明亮，在欧洲大陆上格外瞩目。

盛夏山火

葡萄牙的夏季干燥少雨，一些地区的天气非常炎热。而且，由于松树、桉树和橡树等森林植被覆盖了全国近40%的面积，所以常常会引发夏季山火。山火的灰烬还会飘到城镇上，落在人们的头上，甚至堵住交通要道。在葡萄牙，消防员大部分由志愿者组成，一旦有火情出现，他们就会冒着生命危险去救火。

在刮风和干燥的天气下，这样的大火很难得到控制。

岛屿奇观

让我们回到1418年，当时，一群葡萄牙水手正在大西洋上航行，突然遭遇风暴，被吹离了原定的航道。在惊涛骇浪之中，他们驶进了一座小岛的港湾里，最终幸免于难。后来，他们登上这座小岛，在不远处发现了更大的岛屿，也就是马德拉群岛。约在1427年，葡萄牙人又发现了亚速尔群岛。如今，这两大群岛都成了著名的旅游胜地，人们乘坐游轮来岛上观光，欣赏异域的珍禽和植物。

马德拉群岛

马德拉群岛风景秀丽，植被郁郁葱葱，素有"海上的花园天堂"之美称。岛上有约6 500米的山脉，就坐落在海岸线旁，从最高峰往下俯瞰，可以看到世界第二高的悬崖，以及种着葡萄和香蕉的梯田。马德拉群岛的灌溉系统非常发达，沿着这些纵横交错的水渠往前走，你会发现这是一条很好的徒步路线。由于当地多山，人们经常乘坐用柳条编织的滑车，从蒙特一路滑到丰沙尔。现在，这种滑车也成为热门的旅游项目。

在马德拉的桑塔纳镇，你会见到像下图这样的古怪的茅草屋。

亚速尔群岛

如果从欧洲一路航行到美洲，那么，你中途可以在亚速尔群岛歇歇脚。这是一组原生态的群岛，孤悬于大西洋之上，由9座岛屿组成，岛上分布着原始火山、黑沙滩、宫殿、花园、风车、瀑布、温泉和间歇泉等景观，宛如大自然的宝库。其中，弗纳斯小镇有丰富的地热资源，当地人会将装着菜肴的砂锅菜埋在地下，利用地热将菜煮熟。这里还有欧洲最古老的茶园。

弗纳斯小镇有许多火山，会从地下喷出灼热的气体，所以只要挖一个坑，就可以利用地热来煮菜了。

你知道吗？

马德拉的柳条滑车顺着山坡往下滑的时候，速度能够达到50千米/小时。如果你问怎么刹车，答案是：直接用脚刹车！

贝伦加斯群岛

在贝伦加斯群岛，流传着许多关于海盗、沉船以及宝藏的传说。这些小岛靠近里斯本的北部海岸，是葡萄牙最不为人知的角落。在16世纪，一些人在岛上修建了堡垒，搭救在海上遇险的水手，现在又成为一家旅社。来到这个人迹罕至的地方，欣赏着清澈的海水、白沙，看着无数鸟儿和鱼儿来来去去，是相当惬意的体验。

这座堡垒在1656年建成，用来抵御海盗等入侵者。

魅力城市

在葡萄牙，有这样一句谚语："在科英布拉唱歌；在布拉加祈祷；在波尔图工作；在里斯本享受。"这句话将葡萄牙4大城市的特色形象地表达出来。葡萄牙的大城市通常都位于海边，也是主要的港口。现在，随着城市化的进程不断加快，葡萄牙约有2/3的人生活在城市里。但是，如果时间倒流到50年前，大多数人都还生活在农村。

波尔图历史中心已经被列入世界文化遗产。

波尔图

波尔图是葡萄牙的第二大城市，对于近200万居民来说，这座城市可以与首府里斯本相媲美。波尔图的街巷弯弯绕绕，如同迷宫，周围分布着色彩斑斓的景致，比如古老的商店、钟楼、大桥，以及现代的艺术画廊与音乐厅等。作为葡萄酒之都，城里的酒窖装着无数的酒桶，容量就跟卡车一样大。现在，波尔图的郊区建起了许多崭新的海景房，大多数居民都搬到那里居住，但中心的老城区依然葆有古旧而庄重的魅力。

科英布拉

中世纪时期，在长达100多年的时间里，科英布拉都是葡萄牙的首都。如今，它是一座历史悠久的名城，有着古老的小巷、中世纪的建筑和一座18世纪的图书馆。为了保护图书馆的书籍，馆内还养了一群蝙蝠，专门吃啃书的昆虫。科英布拉大学成立于1290年，建校历史相当悠久。学校里有一项传统，学生毕业后会举办大型派对，并将系在长袍上的彩色缎带烧掉。

里斯本

里斯本是欧洲第二古老的首都，仅次于雅典，甚至比罗马更加古老。即便如此，里斯本也是一座现代化的首都，充满勃勃生机。约有300万人住在里斯本。这里有很多值得一去的景点，比如古老的贝伦塔、热罗尼莫斯修道院、圣乔治城堡和海洋水族馆。里斯本的大街小巷铺满了鹅卵石，如果你走累了，可以乘坐老式电车，欣赏路边的风景。

里斯本建在7座山上，所以参观这座城市时，记得穿上舒适的鞋子。

科英布拉大学有两万多名学生。

葡萄牙制造

如果你问，有哪些产品是葡萄牙制造的？答案是：多得数都数不清！来到这个国家的港口，你会发现汽车、相机、鞋子、燃料、T恤衫、卫生纸等，它们都将作为出口商品，被运往世界各地。葡萄牙的出口贸易非常发达，一些外国企业看重葡萄牙的劳动力和高新技术，纷纷前来投资。

车辆制造

大众汽车的欧洲工厂位于葡萄牙，规模庞大，一年能生产约112 550辆汽车，每辆汽车由3 500多个零件组成。除了汽车制造业，葡萄牙的自行车、飞机座椅、游轮乃至航天器组件等产业也很发达，其产品在全球范围内都供不应求。

上图是葡萄牙制造的大众尚酷，这种车型专门用于出口。

信息技术

在葡萄牙，从事信息与通信行业（ICT）的人非常多，约有7.9万人！他们创造的年收入也很高，达到数十亿欧元。葡萄牙的信息技术对全世界都做出了巨大的贡献，第一个具有航拍功能的全球定位系统（GPS）和第一张充值手机卡都是这个国家研制的。

多亏了葡萄牙的定位技术，我们才不会迷路。

服装产业

意大利产的鞋子非常昂贵，不过葡萄牙也差不多哦！要知道，葡萄牙的奢侈皮具相当有名，服装大量出口，约占全国总出口额的12%，工厂每天生产的布料连起来有好几千米长。为了拓展业务，获得更多的国外大订单，葡萄牙的推销员常常满世界飞来飞去。

你知道吗？

据说，英国的偶像教父西蒙·考威尔喜欢用雷诺瓦的黑色卫生纸，美国的歌坛巨星碧昂丝则要求在自己的更衣室摆上雷诺瓦的红色卫生纸。

造纸行业

葡萄牙的造纸业也很发达，在整个欧洲都是数一数二的。约有60%的办公用纸用于出口，包括信纸和卫生纸。雷诺瓦是葡萄牙的著名纸类品牌，其产品在60多个国家畅销不衰。

全世界的订单如雪花般飞来，雷诺瓦的库存一直堆到厂房的天花板上。

129

乡野风光

　　葡萄牙的乡村总会给人一种时光倒流的感觉，这里的一些小村庄依然是几个世纪前的面貌，仿佛从来没有改变过。在西欧，葡萄牙是农村人口比例最高的国家，占总人口的1/3左右。农耕生活并不容易，但不少人因为厌倦了城市的喧嚣，选择回到乡村。

在彼奥昂的山坡上，坐落着传统的石屋。

南北农业

　　葡萄牙的北部和南部都有农业区。在北部，农民主要种植卷心菜、玉米和土豆，他们住在两层高的楼房里，楼下通常用来饲养动物。在南部，摩尔式的村落很常见，房子被粉刷成白色，屋顶是平的，门窗镶着蓝色的框。因为南部阳光充足，柑橘、无花果和橄榄等水果都长势喜人。

软木王国

猜一猜，假如你的面前有一棵软木橡树，它的树皮柔软而富有弹性，可以用来干什么呢？葡萄牙是全世界最大的软木生产国，其中绝大多数来自阿连特茹产区。阿连特茹位于葡萄牙中南部的平原地区，气候干燥炎热，也是重要的小麦产区。当地的林区工人每10年采剥一次树皮，这正好是一棵软木橡树的树皮生长周期。事实上，剥皮更适合软木橡树的生长，所以这些树都非常"长寿"，可以足足活到250岁。

看到图中的浅色树干，你就知道这是一棵刚剥完皮的软木橡树。

葡萄之乡

波尔图酒产自波尔图，更具体地说，它的产地是波尔图的杜罗河谷。杜罗河谷是世界上第一个官方划定的葡萄酒产区，现在已经被列入世界文化遗产。这里的气候和土壤都十分适合葡萄生长，2 000多年前，人们就开始栽种葡萄了。9月是葡萄丰收的季节，如果你去当地旅游，不妨安排一趟葡萄园采摘的行程，还可以体验一下古法酿酒的乐趣：用脚踩葡萄，把它们压成葡萄汁。

乘船沿着杜罗河顺流而下，啜着美味的波尔图酒，是不是非常惬意？

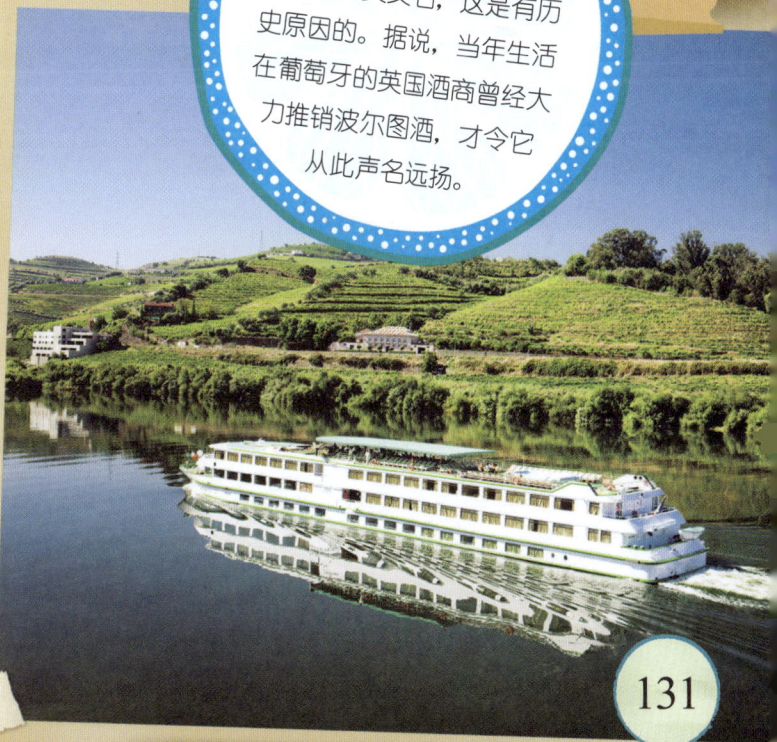

你知道吗？

波尔图的酒庄在葡萄牙语中叫作"Quintas"，大部分都有英文名，这是有历史原因的。据说，当年生活在葡萄牙的英国酒商曾经大力推销波尔图酒，才令它从此声名远扬。

动物世界

在葡萄牙，野兔和蝙蝠等动物都十分常见，有时候你还会发现蜥蜴等爬行动物，乍一看有点吓人。对于观鸟与赏花爱好者来说，这里拥有约600种鸟类和无数美丽的鲜花，简直称得上是天堂。

在墙上、树旁或者石头下面，你常常能看到蜥蜴匆忙逃窜的背影。它们的性格温顺胆小，如果觉得自己受到威胁了，还会断掉尾巴逃生。

火烈鸟体型高大，经常成群结队地涉过潮湿的水域。它们发出的叫声很像鹅叫，平时摄取的食物以虾类为主。因为受到虾青素的影响，火烈鸟浑身呈现一种奇异的粉色。

葡萄牙水犬是一种稀有的动物，毛发浓密，四足呈蹼状。水犬善于游泳，在过去，渔民常常会饲养它们，帮忙驱赶鱼群。现在，人们把它们当作宠物，连美国前总统奥巴马也养过一只水犬。

在葡萄牙，野生兰花的品种名很特别，比如香槟兰花、大黄蜂兰、镜兰，还有一个品种甚至叫作"裸男兰"。这些花是受到法律保护的，绝对不能摘下来哦。

在6 500万年前，恐龙就已经灭绝了。如果你想看到4亿年以前的生物，可以看看葡萄牙的三叶虫化石，它们的形状有点像巨型木雕。

你是个勇敢的人吗？你敢和鲨鱼一起游往亚速尔群岛吗？葡萄牙有很多种类的鲨鱼，蓝鲨生性好奇，喜欢游到海面上来；灰鲭鲨是游得最快的鲨鱼，才一眨眼的工夫，就能在海里游个来回。

对于贪婪的野猪来说，它们几乎什么都吃。这种动物毛发很长，水性好，嗅觉异常灵敏。

日常生活

　　葡萄牙人特别喜欢孩子，所以，来到葡萄牙之后，如果人们对你的孩子特别热情，不必感到太惊讶。葡萄牙人也很重视家庭生活，在一个普通的葡萄牙家庭中，不论是日常起居、工作，还是出门散步，一家人总是在一起。葡萄牙人的时间观念不怎么强，但他们很注重礼貌，所以要留心自己的言行举止哦！

葡萄牙的小学生们正在学习英语。

校园生活

　　葡萄牙的孩子们拥有极大的自由，但无论如何，他们都必须接受教育。在学校里，葡萄牙学生上学的年龄一般在6—15岁，课程从上午9点到下午3点半，有些学生会出去吃个早餐，或者在放学后继续参加课后兴趣班。学校的午休时间很长，学生们还可以享受长达10周的暑假。放假以后，如果父母是双职工，大部分孩子会和祖父母待在一起。

休闲生活

葡萄牙人可不愿和邻居西班牙人相提并论，因为他们拥有自己的语言、文化和传统。每逢假日，葡萄牙的家庭常常一起去看艺术展、做工艺品、听音乐会或者泡咖啡馆，到了炎炎夏日，他们也很喜欢去开着空调的商场逛一逛。不管是工作还是出去玩，葡萄牙人总是穿得很时髦。如果他们偶尔打扮得比较朴素，可能是为了出席某些特殊场合。

你知道吗？

在新年的前夜，当午夜的钟声敲响之际，人们会吃12颗葡萄，代表来年的每个月都能拥有好运。

葡萄牙的阳光沙滩非常出名，适合全家一起度假。

吃在葡萄牙

在吃这一方面，不管你的口味有多么刁钻，葡萄牙的美食都不会令你失望。这里遍地都是特色美食，葡萄牙人讲究吃、喜欢吃，也经常谈论吃，如果你不知道怎么回答关于食物的问题，只需要说一声："真好吃！"

美味海鲜

在葡萄牙语中，"马介休"是"盐渍鳕鱼干"的意思。这是葡萄牙的国菜，将鳕鱼进行风干和盐腌，闻起来就令人口水直流，在全国任何地方都能吃到。据说，很多葡萄牙人一辈子都没见过新鲜的鳕鱼长什么样子，因为它们都被做成了不同风味的鳕鱼干——说不定有上千种口味！

葡式海鲜汤也是葡萄牙著名的海鲜美食，这道汤是用鳕鱼、沙丁鱼、黑线鳕、金枪鱼和鲭鱼等炖煮而成的。总之，不管渔民从海上捕捞到什么，都可以放进去炖汤。海鲜汤鲜香可口，所以经常搭配脆皮面包食用。

在葡萄牙，鳕鱼的烹饪方式花样百出。

肉类盛宴

对于肉食爱好者来说，葡式乱炖是一道相当诱人的美食。这道菜有点类似我们国家的东北炖菜，食材包括大块牛肉、猪肉、熏肠或者血肠，还有一些蔬菜。如果你更喜欢吃"海陆大餐"，可以试试阿连特茹炖肉，也叫作猪肉炖蛤蜊。做这道菜的时候，需要先将猪肉用葡萄酒和香菜腌制好，再加入蛤蜊一起炖煮。葡萄牙的蒜香烤肉和各种类型的火腿也非常美味，吃的时候，记得加上当地特有的红辣椒酱，口感更丰富哦！

猪肉炖蛤蜊是阿连特茹地区的特色菜。

你知道吗？

葡萄牙的一些传统美食是用猪血或鸡血做的，比如猪肉饭和鸡血饭。

可口甜点

鼎鼎有名的葡式蛋挞深受各国人民喜爱；而葡式甜饭则是葡萄牙的一道传统的米布丁，它的口感绵密，会用柠檬汁来调味，再在顶部撒上肉桂粉，做成有意思的装饰图案。葡萄牙的甜品店里摆着琳琅满目的糕点。有些糕点的名字特别有意思，比如"天使的双下巴"。

在圣诞节，葡萄牙人会吃星星图案的葡式甜饭。

葡式蛋挞是葡萄牙的经典美食。

137

葡萄牙是个富有创造力的国度，从黏土到鱼鳞，任何东西都可以化腐朽为神奇，变成艺术品。在这片土地上，飘荡着悲伤的民谣，也活跃着魅力四射的舞者。如果你想知道葡萄牙的天才艺术家是如何影响世界的，看看绘画巨匠葆拉·雷戈或建筑大师阿尔瓦罗·西扎的作品就知道了。

瓷砖艺术

对于葡萄牙人来说，瓷砖不仅仅只是贴在厨房里的，还可以装饰整个房子。在这里，瓷砖画艺术的风格是摩尔式的，图案丰富，有抽象的几何图形，也有历史上的战争场景。这些瓷砖画能将白墙装点得缤纷多彩，而在里斯本的许多地铁站里，你可以欣赏到当代艺术家的瓷砖画作品。

蓝色是葡萄牙瓷砖画常用的颜色。

曼奴埃尔式建筑

为了纪念辉煌的大航海时代，葡萄牙的建筑经常镂刻海藻、绳索、浮标和锚等与航海相关的图案。这种建筑形式被称为"曼奴埃尔式"，源自16世纪繁复的哥特风，彰显了葡萄牙曾经的海洋霸主地位。

你知道吗？

在葡萄牙的东北部地区，经常能看到用花岗岩做的石雕猪，大部分都有几千年的历史。

曼奴埃尔式建筑是用曼奴埃尔国王的名字来命名的，他在1495年—1521年期间统治葡萄牙。

悲伤之歌

作为葡萄牙的传统民谣——"法朵"，在拉丁语中是"命运"的意思。演唱法朵时，歌声凄怆动人，如泣如诉。想象一下，当身着黑衣的歌者怀抱吉他，用指尖拨动琴弦，吟唱着关于思乡的悲伤故事，是不是格外令人动容？在科英布拉和里斯本这两座城市，你都可以听到融合了当地特色的法朵歌曲。

在葡萄牙语中，演唱法朵的歌者被叫作"fadista"。

土风舞蹈

葡萄牙土风舞是一种欢乐的民间舞蹈，节奏非常快。在乡间的舞池或者广场上，经常能看到葡萄牙人跳这种舞。来吧，举起你的双手，一起扭动、跳跃吧！

舞者们身穿传统服装，欢快地跳着土风舞。

139

发现西班牙

欢迎来到西班牙

欢迎来到西班牙！它虽然是一个欧洲国家，但它与非洲大陆可只有一线之隔哦！在几百年以前，世界各地的探险家和殖民者纷至沓来，深深地影响了西班牙，让这个国家变得如同万花筒般五彩缤纷。这儿有激情如火的弗拉明戈舞、欢悦达旦的节日、可口的食物和疯狂的"足球热"，更不用说阳光海滩、皑皑雪山和都市风情了。有人说，西班牙是欧洲最富有异国情调的国度，那么，让我们一起往下看，充分领略它的迷人风采吧！

出发吧！

小档案

国土面积：50.6万平方千米

人口：4 739.8万（截至2021年1月的统计数据）

首都：马德里

国界：1 917.8千米，与3个国家接壤

货币：欧元

国旗：

位于西班牙巴塞罗那市的奎尔公园。

塞万提斯是西班牙著名的作家，其作品《堂·吉诃德》被誉为欧洲文学史上的第一部现代小说，同时也是世界文学的一大瑰宝。

大家都知道毕加索是西班牙的著名画家，但你知道他的全名叫什么吗？他的全名叫：巴勃罗·迭戈·何塞·弗朗西斯科·德·保拉·胡安·纳波穆西诺·玛莉亚·德·洛斯·雷梅迪奥斯·西普里亚诺·德·拉·圣地西玛·特里尼达·路易斯·毕加索！

你能记住吗？

因为西班牙网球选手纳达尔在体育届取得了突出成就，编号128036的小行星被命名为"拉菲尔·纳达尔星"——这可真是声名远播，一直传到了外太空！

自成一个世界

西班牙的国土面积不大，但自成一个世界。境内被划分为17个自治区，拥有17种不同的地域文化、地方政府以及4种主要语言。在历史上，西班牙曾经缔造了全世界有名的帝国，希腊人、罗马人、摩尔人等殖民者都在这片土地上留下了烙印。所以，西班牙拥有多元的文化与风情，无论你走到哪里，都会有惊喜！

摩尔时代

摩尔人对西班牙影响深远。从公元8世纪开始，这些来自北非的摩尔人就征服了伊比利亚半岛，在艺术、科学和农业等各大领域施行改革。在摩尔王朝的统治下，西班牙进入鼎盛时期，国富兵强。如今，当游客们来到阿尔罕布拉宫，还能感受到昔日宫廷的繁华气象。后来，西班牙人开始奋起反抗，收复失地，摩尔人的权力逐渐走向终结。

最初，阿尔罕布拉宫是一座堡垒，后来成为摩尔人的宫殿。

发现新大陆

费尔南多二世和妻子伊莎贝拉一世曾是西班牙的领袖,在他们的统治下,摩尔人被全部驱逐出境。此后,他们还资助了探险家克里斯托弗·哥伦布及他的船队,踏上了寻找新大陆之旅。

1492年,哥伦布成功地抵达美洲,他和他的继任者都顺利完成了西班牙王室的任务。这些征服者远渡重洋,占领了新大陆的大部分地区,将大量的金银珠宝运回西班牙。

其实,哥伦布并不是西班牙人。他来自意大利!

你知道吗?

休达和梅利利亚虽然位于摩洛哥的北海岸,但也属于西班牙的领土。从西班牙半岛出发,乘坐轮渡就可以抵达这两座城市。

西班牙内战

从1936年到1939年,西班牙笼罩在内战的阴影下。这是一场旷日持久的战役,由佛朗哥领导的右翼集团获得了最终的胜利。他上台之后,开始实行独裁统治,除了卡斯蒂利亚语,其他地区的语言文化都不允许再使用。如果有人反对他的任何措施,就会遭到严惩。

1975年,佛朗哥去世之后,西班牙恢复了君主制,也就是如今的西班牙王国。因此,加泰罗尼亚和巴斯克等地区又可以使用自己的语言了。

在阿斯图里亚斯地区的派对上,人们都穿着当地的服装。

球类运动

如果问西班牙人最喜欢的运动是什么？大多数人都会回答：足球！没错，西班牙拥有世界上最好的足球队，还有大批热爱足球的忠实球迷。

除了足球，西班牙人也喜欢赛车和其他球类运动。不管是一路狂飙的自行车赛车手，还是篮球运动员或高尔夫职业选手，西班牙都不缺一流的体育明星，他们受到无数粉丝的崇拜与敬仰。

你知道吗？

皇家马德里足球俱乐部所赢得的欧洲杯冠军次数，比任何其他球队都多。它被誉为20世纪最好的足球俱乐部。

皇家马德里队和巴塞罗那队正在西班牙超级杯上一较高下。

红土之王

网球名将拉斐尔·纳达尔被他狂热的球迷们亲昵地称为"Rafa"。没有人能像他那样挥动网球拍，因为他生来是右撇子，用右手写字，却用左手握拍。这位西班牙球员的挥拍速度极快，他从3岁就开始打网球，一度登上世界第一的宝座，目前共获得了21个大满贯单打冠军，其中包括13个法网冠军，创造了世界纪录。法国网球公开赛是唯一采用红土赛场的赛事，而纳达尔在法网创下的辉煌战果，又为自己赢得了"红土之王"的称号。

虽然纳达尔选择了网球作为终生职业，但事实上，他年轻的时候也是一名天才足球运动员。

顶级俱乐部

皇家马德里队和巴塞罗那队都获得过世界顶级足球联赛——西班牙联赛（西甲）的冠军。

在西班牙，最出色的成年球员都是从很小的时候就开始训练了。在俱乐部的青年训练营里，你能看到一些刚满6岁的男孩在踢球。西班牙国家足球队之所以能捧得欧洲杯和世界杯的冠军，这大概就是其中的秘诀吧！

手球与回力球

西班牙人不仅脚上功夫了得，手球也打得很好。事实上，他们也是手球比赛的世界冠军哦！

此外，在西班牙，回力球这项运动也很受欢迎，这是巴斯克地区的传统运动。在比赛中，球员们可以单凭自己的双手，也可以戴上篮状的编织手套，将皮球用力击打到墙壁上。回力球的弹跳速度可高达250千米/小时，是国际公认的球速最快的运动。

别眨眼！否则，你可能就会错过击打回力球的机会！

高地与岛屿

虽然这里时不时会下雨，不过，论起阳光充足的国家，西班牙在欧洲也是数一数二的。比如，塞维利亚地区位于西班牙南部，天气酷热，被戏称为"煎锅"。

当然，西班牙还有不少雪山，你也可以去冰天雪地的山间滑雪或避暑。事实上，西班牙的地形大部分属于高原和山脉，崎岖的岩石山地向下延伸，一直与沙滩相连。所以，在西班牙，你可以尽情享受阳光、大海和雪山带来的无穷乐趣！

想尝试风筝冲浪的话，你不仅要借助强风，还得练就一双强壮的手臂。

海岸

你可能听说过西班牙的太阳海岸，不过，你知道西班牙的海岸线一共有多长吗？答案是：将近5 000千米。

西班牙大部分海岸的名字都很有特点，比如布拉瓦海岸（在西班牙语中意为"波涛汹涌"）、黄金海岸和阳光海岸。西班牙拥有500多个环境优美的蓝旗海滩（"蓝旗海岸"由欧洲环境保护教育协会颁发认证，是被广为认可的生态标志），白沙碧浪，游客如织，人们可以惬意地躺在海滩上晒日光浴。至于位于西班牙南端的塔里法海岸，因为风力强劲，成为热爱风筝冲浪的勇士们的天堂。

比利牛斯山脉是西班牙和法国的国界线，山里还藏着一个小国家——安道尔。

岛屿

西班牙岛屿众多，各有千秋。巴利阿里群岛的特色是金色的海滩、山丘和洞穴，这里举办着终年不断的狂欢派对，还是蛋黄酱的发源地。加那利群岛上火山众多，喷发的熔岩沉积下来，形成了独特的黑沙滩。

比起西班牙的内陆地区，岛屿离非洲大陆更近，气候温暖，一年四季都有游客在沙滩上度假。这些地方还是重要的香蕉产地，每年的总产量有40万吨。

这片沙滩为什么是黑色的？并不是因为沙子很脏，而是它本来就是由火山喷发的熔岩形成的。

高山

比利牛斯山脉绵延约430千米，将西班牙与欧洲的其他国家隔开。西班牙的最高峰是阿内托峰，海拔3 404米。在冬天，山上的气温非常低，不过，如果你穿得很保暖，就可以尽情享受冬季风光与冰雪运动。到了夏天和秋天，去山里徒步旅行、峡谷探险或骑自行车都是不错的选择。在著名的环西班牙自行车赛中，山地赛段就设在比利牛斯山，对于参赛者们来说，称得上是巨大的挑战！

你知道吗？

金丝雀群岛的得名，与金丝雀这种鸟并没有关系。在古时候，岛上有很多大型犬类，人们就将这座岛命名为"Canaria"，词源"canes"在拉丁语中的意思就是"狗"。而英语中的金丝雀是"Canary"，恰好与"Canaria"发音相似，所以出现了混淆。

不夜城

你听说过欢饮达旦的不夜城吗？在西班牙，许多城市都是这样。尤其是在沿海地区，不管白天还是黑夜，繁华的商业街和派对现场总是人潮涌动，热闹非凡。

现在，西班牙约有4/5的居民属于城市人口，他们大部分住在公寓，除此之外，还有大片富人区与贫民窟——这就是西班牙。人们目睹了巨大的贫富差距，也见证着飞速的新旧交替，每个人都有自己的使命与义务。

马德里不可思议

马德里是西班牙首都，也是西班牙最大的城市，人口超过300万。这里有各种博物馆、公园和酒吧，绝对不会令游客们失望。你可以坐上地铁，从位于市中心的太阳门广场前往宏伟的西班牙大皇宫，一站式地游览马德里的景点。卡萨-德坎波公园也值得一去，它曾经是皇家狩猎场，现在是举世闻名的游乐园和动物园。

在马德里的马约尔广场，你可以一边欣赏宏伟的街景，一边吃晚餐。

情迷巴塞罗那

巴塞罗那是西班牙的第二大城市，也是潮流文化的汇集地，猜猜它最出名的是什么？是著名建筑师安东尼·高迪设计的另类建筑！到了巴塞罗那，千万不要忘记去拉兰布拉逛一逛，这是一条充满活力的市场街，到处都是小吃摊，走上几步就能撞到一位艺术家！此外，巴塞罗那也是闻名世界的海滨城市，是潜水爱好者的天堂，每年都会有大约700万游客来海边度假。

瓜达尔基维尔河流经塞维利亚，将这座城市一分为二。

塞维利亚的阳光

从马德里出发，乘坐两个小时的高铁，你就可以抵达南部的塞维利亚。当然，这些时间都够你去另一个国家了。虽然同在西班牙，马德里冬冷夏热，而塞维利亚大部分时间却沐浴在阳光之下。摩尔式建筑、弗拉明戈舞曲、斗牛、塔帕斯（一种西班牙特有的餐前小吃）和橘子酱，都是塞维利亚的"标签"。许多人都说，塞维利亚是西班牙最美丽的城市，塞维利亚人也深以为傲。

乡野风光

行走在地广人稀的西班牙中部，你常常会看到猪或山羊，却好长时间都看不到人影，也不一定能见到小镇。近年来，有不少人抛下了农场，离开了村庄，到城市里找工作。当然，也有一些人仍然留在村子里，努力建设家园。假如你想找个宁静祥和的地方待上一阵子，那么，来西班牙的乡村吧！

山坡上的村落

阿尔科斯-德拉弗龙特拉是安达卢西亚的一个山顶小镇，地形相当复杂哦！

在山坡上盖房子，听起来是个不小的挑战，不过西班牙人却很擅长这么做。当你来到安达卢西亚周边旅游，就能看到连片的村庄坐落在陡峭的山坡上。事实上，从摩尔人时代起，人们就经常把家安在山上的堡垒附近。为了反射阳光的热量，大多数房屋都被漆成白色。如果想住得更凉爽一些，山中的洞穴在当地也很受欢迎！

伊比利亚火腿非常有名，为了得到美味的火腿，人们饲养伊比利亚黑猪，给它们喂食橡子。

农牧产品

对于绝大多数西班牙农民来说，生活与农业息息相关。有些家庭种粮食只是为了自给自足，还有另一些以赚钱为目的，种植了大规模的商业作物。在乡间，遍地都是柑橘、蔬菜、坚果和橄榄等作物，猪、山羊和鸡等牲畜与家禽也随处可见。葡萄是西班牙的核心农产品，全国的葡萄园总面积位居世界第一，在葡萄酒出口方面足以和意大利相媲美哦！

乡村民宿

在僻静的西班牙乡村享受返璞归真的生活是许多人的心之所向。西班牙人充分利用了这一点，不仅为游客提供了便捷的食宿，还安排了采摘葡萄或橄榄等特色活动。由此，乡村旅游业在西班牙发展迅速，民宿遍地开花，向来自世界各地的客人敞开大门。据说，还有一些外国人看中了商机，举家搬迁到西班牙，专门经营民宿。

如果你在8—10月间来西班牙玩，就可以采摘葡萄啦。

你知道吗？

西班牙至少有3.2亿棵橄榄树，比任何其他国家都多！这些橄榄树的总产量很可观，占全世界橄榄油总产量的40%—60%，具体数值视当年的收获情况而定。

野外世界

西班牙辽阔的荒野地带是许多动物的家园，它们在这片土地上繁衍生息。西班牙有400多个自然保护区，各种各样的动物都可以在野外自由奔跑。你想试一试自己的计数能力吗？来数一数吧，这里可是有500多种鸟类和120多种哺乳动物哦！

不要试图在山上追赶西班牙野山羊，因为你肯定追不上它。这种动物的样子很像山羊，头上长着角，双腿非常灵活，能沿着悬崖边飞快地奔跑。

如今，我们在野外已经很少能看到狼了，但在西班牙除外。西班牙野外约有3 000匹狼，当你静静地等待它们出现时，记得留意一下经过的野猪、红鹿和狍子，这些动物很有可能就是狼的下一顿美餐。

伊比利亚猞猁是极度濒危物种，现在只分布在西班牙南部的一些地区。这种长着胡须的野猫之所以会越来越少，原因之一是它们很挑食，几乎只吃兔子！

白鹳都在哪些地方筑巢呢？烟囱或者电线杆都可以，因为它们喜欢把巢筑得高高的。

大约在600年前，北非的骆驼被带到了加那利群岛。现在，游客们可以骑着骆驼在岛上四处游览。

西班牙也有熊？没错！不过不用担心，西班牙的坎塔布连棕熊是熊类中的"小矮人"，性格也很害羞。它们喜欢吃根茎、水果和昆虫，不喜欢吃人。

日常生活

在西班牙，你可别指望一到晚上8点就上床睡觉。对一些西班牙人来说，就算到了午夜12点，离这一天的结束也还早着呢！西班牙人晚餐吃得晚，睡得也晚，深夜的时候也能看到人们在街上走动。他们还有一个特点，就是爱热闹，喜欢与朋友和家人聚在一起闲聊。

西班牙的午餐和午休时间很长，将一天的时光分为两半。每当这个时候，商店纷纷关门，街道陷入了沉寂。不过，这并不意味着西班牙人很懒惰，他们是相当忙碌的！

在塞维利亚的这所学校里，学生们正在开心地跳民间舞。

校园生活

在西班牙，只有一件事绝对不会晚，那就是上学。西班牙的学校在上午9点正式上课，在这之前，如果父母是上班族，孩子们可以先来学校的俱乐部吃早餐。午餐之后，有些学校会休息两个小时或更久，孩子们也可以回家休息。他们最期待的是悠长的暑假，这意味着10周到11周的自由时光。在暑假，很多孩子都会去夏令营参加各种活动，比如体育课、艺术课或者烹饪课等。

家庭生活

　　无论是去公园里玩，还是晚间散步，西班牙人总是一大家子集体行动，所以，即使是孩子也常常很晚才睡觉。在西班牙的日常生活中，社交非常重要，如果遇上什么好事，大家一定会聚在一起，大大庆祝一番。西班牙有很多酒吧和咖啡馆，比欧洲其他国家都多，所以，他们完全不用担心找不到聚会的地方！

和家人一起外出漫步，是一件悠闲而又惬意的事情。

吃在西班牙

想在早餐的时候吃甜甜圈配热巧克力吗？来西班牙吧！新的一天来临之际，许多西班牙人都会选择先吃点甜的，而午餐才是三餐中最重要的一顿。在西班牙，烹饪是非常流行的消遣，每个家庭都流传着母亲一辈最受欢迎的独家食谱。所以，不管到了西班牙的任何地方，你的味蕾都会经历一场难忘的大冒险。

本土食材

西班牙人喜欢用当地的新鲜食材来烹饪，比如安达卢西亚的西红柿和炸鱼、加泰罗尼亚的香肠，还有北边的阿斯图里亚的炖白豆。西班牙还有各种各样的火腿、辣肠和奶酪，如果你都想尝一尝，可能会花上很长时间才能吃遍。对了，千万不要忘了橄榄油，这是西班牙厨房里的常备调料，没有它就做不成饭啦！

在西班牙的火腿店，里面陈列的各种火腿会令你眼花缭乱。

西班牙海鲜烩饭在
沿海地区非常流行。

你知道吗?

想象一下，世界上分量最足的烩饭可以喂饱110 000个人！这盘烩饭装在一个非常大的盘子里，用了6吨大米、12吨鸡肉与兔肉，还有1 100升橄榄油。

西班牙烩饭

用油煎好兔肉、鸡肉与鸭肉，也可以加上蜗牛肉，然后再加入蔬菜、大蒜和香草，放入一些水、米饭和一小撮黄藏红花，最后将它们煮熟——这就是大名鼎鼎的西班牙烩饭！烩饭被誉为西班牙菜谱中的明珠，但还不能算得上是国菜。它发源于瓦伦西亚地区，很快在全国范围内流行起来，西班牙各地都能找到不同的改良菜式。等烩饭煮熟之后，不用装盘，直接从平底锅里舀着吃，这样吃起来才最正宗哦！

独特风味

塔帕斯

如果你很迟才能吃上晚饭，可以先来点塔帕斯垫垫肚子。塔帕斯是西班牙各色小吃的总称，以下这几种值得一试：

西班牙蛋饼：一种厚实的土豆煎蛋卷。在格拉纳达地区，有时候还会放入猪脑。

西班牙肉丸：用猪肉或牛肉制成的丸子，通常搭配多汁的番茄酱一起食用。

摩尔烤肉串：摩尔人发明的肉串，会用香料腌制后再进行烧烤。

西班牙辣酱土豆：淋上辣味番茄酱或红椒汁的炸土豆。

你可以挑选各种各样的塔帕斯小吃，一股脑儿塞进肚子里！

斗牛王国

假如用几个词来代表西班牙这个国家的话，那么，最贴切的词语莫过于弗拉明戈和斗牛。两者都根植于西班牙的传统文化，最初诞生在安达卢西亚地区，如今已经成为西班牙的国粹。你会看到，无论在舞池还是斗牛场上，处处都上演着速度与激情般的好戏！

弗拉明戈音乐

在热情如火的弗拉明戈音乐中，最严肃的一种是"深沉之歌"。这种类型的歌曲以清唱为主，很好地呈现了歌者本来的声音。在演唱的时候，乐手通常会用一把弗拉明戈吉他来为歌者伴奏，这种吉他比普通的吉他轻，要像敲鼓一样轻轻地敲打、弹奏。在现代的弗拉门戈音乐中，箱鼓也是常见的伴奏乐器，它是一种箱状的乐器，有时候还能当成凳子来用——你可以坐在上面，用手拍打面板。

一个剧团正在上演以西班牙为背景的歌剧《卡门》。

来自马德里的一名女子创下了弗拉明戈舞步的最快记录,每分钟达到1 274下。

弗拉明戈舞

弗拉明戈舞发源自哪里?有人说来自吉卜赛人,还有人说是由穆斯林或犹太人开创的。无论如何,弗拉明戈舞都拥有不可否认的魅力,它那别具一格的步法与旋转舞姿,令舞者和所有观众都沉醉其中,难以自拔。跳舞的时候,女人们裙裾飘飘,随着舞姿转动,用手指或响板敲打节奏;男人们穿着高跟钉靴,用脚踩踏地面来增强韵律感。如果你觉得双腿不听使唤,那就忘记它们吧,随着音乐自由地起舞!

当你观看弗拉门戈舞的时候,可以跟随音乐的节奏一起拍手。

西班牙斗牛

事实上,公牛在斗牛士的引诱下被刺杀的一幕,并不是所有人都想看到的。但不管怎样,一提到西班牙,大家都会马上想到斗牛。大多数的西班牙城镇都设有斗牛场,在情绪高涨的观众面前,斗牛勇士会与凶猛的公牛展开一场殊死搏斗。有人认为斗牛这项活动残忍而血腥,但也有不少人觉得斗牛是一门艺术。在斗牛场上,斗牛士们总是打扮得十分显眼,穿着独特的套装,披着色彩鲜艳的披风。

斗牛士的服饰上缀满了金色的刺绣。

时尚生活

除了弗拉明戈和斗牛，还有什么能用来形容西班牙？国际时尚风向标？著名影星的故乡？每年接待约5 000万外国游客的旅游胜地？这些统统都可以。西班牙就如同取之不竭的宝库，有着风靡全球的娱乐杂志、畅销海外的汽车与服装品牌，连它的语言也被近5亿的人口使用着。尽管在当今形势下，西班牙已不复曾经的辉煌，但它的魅力依然吸引着全世界的目光。

你知道吗？

在20世纪六七十年代，西班牙南部的阿尔梅里亚曾是西部片的热门拍摄地，这里曾拍摄了150部左右的西部片，被誉为"迷你好莱坞"。现在，如果你到了这里，仍然可以参观各种电影布景。

服装品牌

你可能听过飒拉（ZARA）和芒果（MANGO）这两个服装品牌，也可能穿过这些牌子的衣服，它们都来自西班牙。西班牙的流行服饰非常有名，在全世界商业街的货架上都能看到。鞋履品牌马洛诺（Manolo Blahnik）和服装品牌埃斯特雷亚·阿尔奇斯（Estrella Archs）也很受欢迎，是T台模特或富人喜爱的品牌。在时尚界，马德里和巴塞罗那的时装周绝对是不容错过的盛事，每年都会展示西班牙设计师的最新作品。

一位模特正在巴黎的埃斯特雷亚·阿尔奇斯时装发布会上走秀。

在西班牙影视界，有不少知名人士进军好莱坞，比如演员佩内洛普·克鲁兹、安东尼奥·班德拉斯和哈维尔·巴登，还有导演佩德罗·阿尔莫多瓦和吉尔莫·德尔·托罗。西班牙制作的电影也非常受欢迎，2012年，单从国内票房来看，就有163部电影都超过了1亿欧元。

西班牙巨星佩内洛普·克鲁兹荣登好莱坞星光大道的名人榜。

旅游度假

罗列特海岸是西班牙著名的度假胜地，放眼望去，到处都是游泳或晒日光浴的游客。

大家都喜欢去西班牙度假。事实上，西班牙几乎是全世界最受欢迎的旅游国家！从游客数量来看，西班牙仅次于法国和美国，位居第三。在来西班牙旅游的游客中，英国人的数量最多，约占所有游客的1/4，其次是德国人和法国人。

艺术殿堂

西班牙堪称天才的摇篮，许多伟大的艺术家都居住在这里。你想知道都有哪些人吗？幸运的是，西班牙有很多地方可以欣赏到这些艺术家的作品，比如位于马德里的普拉多博物馆就拥有着收藏西班牙绘画作品最全面的画廊。除此之外，在文学方面，西班牙人也非常出色，曾经5次荣获诺贝尔文学奖；至于建筑，西班牙的建筑艺术博大精深，简直不知道从何说起，我们还是继续往下看吧！

艺术家达利

在西班牙众多古怪的艺术家中，萨尔瓦多·达利绝对是个耀眼的名字。他留着夸张的胡子，画过融化的时钟，做过龙虾电话，还设计了珍宝珠棒棒糖的标签。达利和他的朋友胡安·米罗，以及巴勃罗·毕加索齐名，胡安致力于描绘自己的梦境，毕加索的肖像画则充分展现了立体主义，三位都是20世纪的超现实主义绘画大师。直到现在，我们还是会为这些充满魔力的作品而感到震撼。

你猜猜，达利会不会坐在他设计的红唇沙发上拨打龙虾电话呢？

奇妙博物馆

什么地方最适合展示西班牙的艺术品？当然是奇妙而特别的西班牙博物馆了！达利就在他的家乡菲格拉斯建立了一座博物馆，它的外形是涂成粉色和金色的城堡，屋顶上摆满了摇摇欲坠的巨大鸡蛋。位于毕尔巴鄂的古根海姆博物馆也非常引人注目，它以鱼鳞为设计灵感，馆内收藏了大量当代艺术家的最新杰作，门前还摆放着一尊用钢铁和鲜花制成的巨型雕塑——"普利狗"。

整座古根海姆博物馆被钛合金覆盖，共耗资8 900万美元。

历史建筑

以下这些都是令人印象深刻的西班牙老式建筑：

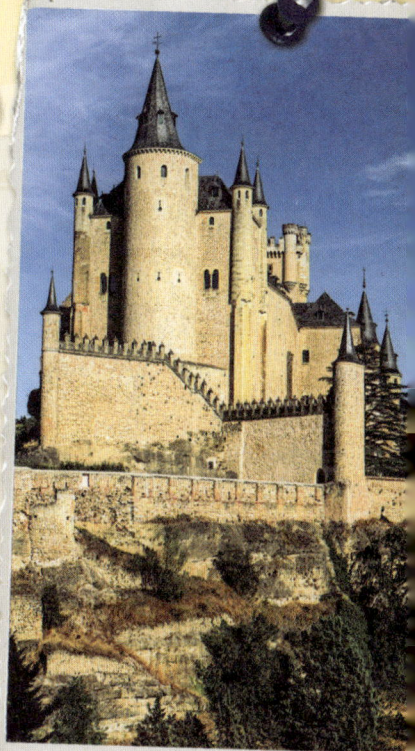

在昆卡，有些房子几乎"悬挂"在峭壁上。

位于隆达的努埃博桥高达120米，花了43年的时间才建成。在修筑过程中，曾有50名工人意外丧生。

塞戈维亚的阿尔卡萨尔城堡是不是很眼熟？没错，它的灵感来源是迪士尼的白雪公主城堡。

派对时刻

西班牙就像是一个永不停歇的舞会，如果你来到这里，就穿上舞鞋，尽情旋转起来吧！在这个国家的每个角落，一年四季都有各种各样的节日，不管是食物大战还是令人眼花缭乱的游行庆典，你总能找到自己喜欢的那一个。

参加圣克鲁斯的狂欢节的时候，请务必盛装打扮哦！

2月

2月是属于狂欢节的月份，每到这时，人们简直陷入了疯狂。尤其是在特纳里夫岛的圣克鲁斯，所有人都会打扮得非常夸张，比如狂欢节女王穿上华服后，身高达到了6米，体重可达200千克。

头戴兜帽的"忏悔者们"正在参加圣周游行活动。

3月

圣周指的是复活节前的一周，西班牙会举行一系列游行活动。最具有代表性的环节是花车游行，街道簇拥着戴着尖头兜帽的游人。

在瓦伦西亚，3月会举行法雅节。这是一场盛大的火祭，焚烧人偶是祭祀的重头戏。人们会花费几个月的时间制作巨型的纸玩偶，然后在节日当天将它们烧掉。

4月

在塞维利亚的四月节期间，城市灯火通明，不分昼夜。这是西班牙最著名的传统节庆，人们载歌载舞，举办斗牛比赛，到处都能听到弗拉明戈的响板声，还有给斗牛士的喝彩声。

响板

7月

潘普洛纳是一座相当安静的城市，但到了每年的7月6日，一切都不一样了！市政府点燃火炬炮，人们开启香槟，宣告圣费尔明节的到来。这个节日也叫作奔牛节，年轻人会竞相参加奔牛活动，享受着在大街上被牛追赶的刺激感。

在圣费尔明节，千万不要松劲儿，加油往前冲吧！

你知道吗？

位于格拉纳达的卡迪亚镇会举办"十月节"，在此期间，镇上的喷泉喷出来的不是水，而是葡萄酒！

8月

在布尼奥尔镇的西红柿狂欢节当天，人们会互相投掷"红色炸弹"！等到弹尽粮绝以后，西红柿大战宣告结束，人们再用水管将街道和身上的西红柿汁冲洗干净。

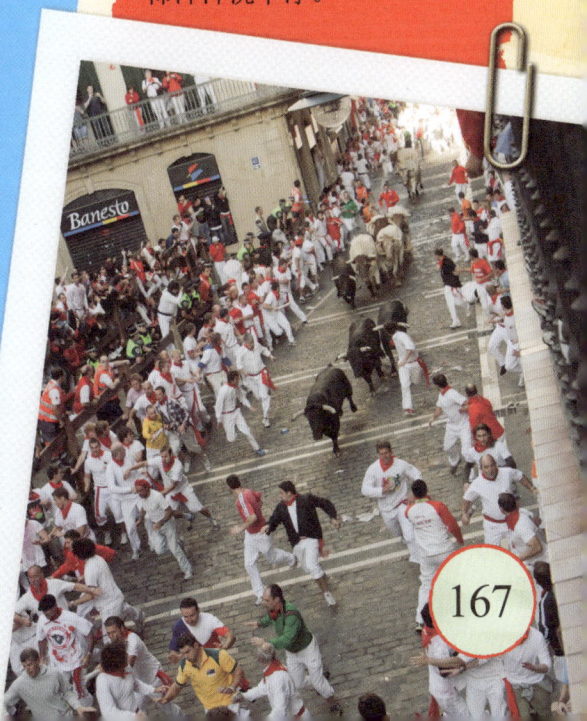

图片版权说明

《绕着地球去发现》（下册）图片版权说明如下：

P30图（薰衣草田）、P31上图（塞蒂纳河源头）、P58左图（大丽菊）、P58右图（仙人掌）、P86图（潘普尔哈泻湖）、P114图（巨石村）、P142图（奎尔公园）来自"图虫创意"网站。

P2图（"水宫"）、P59图（月亮金字塔）来自网站https://pixabay.com/zh/。

本册其他图片均由英国霍德与斯托顿出版公司授权使用。

原版书图片版权说明

Unpacked: India

Picture acknowledgements: All images, including cover images and graphic elements, courtesy of Shutterstock except: p10 © AFP / Getty Images; p11 © Christopher Pillitz / In Pictures / Corbis (r); p19 © paulprescott 72 (r); p22 © Getty Images (b); p26 © Arko Datta / Reuters / Corbis, © Isabelle Vayron / Sygma / Corbis (t); p28 Indian School / Getty Images; p29 © Pramod R.Mistry / Getty Images (1).

Unpacked: Croatia

Picture acknowledgements: All images and graphic elements courtesy of Shutterstock except: p19 (b) Wikimedia Commons; p21 (T) Corbis.com.

Unpacked: Mexico

Picture acknowledgements: All images and graphic elements courtesy of Shutterstock except: p20 (t), p22 (b1) and p25 (b) Corbis images.

Unpacked: Brazil

Picture acknowledgements: All images (including cover) and graphic elements courtesy of Shutterstock except: p6 (right) © Peter McBride / Aurora Photos / Corbis; p7 (right) © peeterv / iStockphoto; p7 (left bottom) © iuoman / iStockphoto; p11 (right) © RichVintage / iStockphoto; p12 Steven © Vidler / Eurasia Press / Corbis; p13 (top left cutout) © RollingEarth / iStockphoto; p14 (right) © hloodstone / iStockphoto; pl4 (left) © NTCo / iStockphoto; p15(right) © merlion / iStockphoto;

图书在版编目（CIP）数据

绕着地球去发现：上下册 /（英）克莱夫·吉福德，
（英）苏西·布鲁克斯著；张灵羚译. -- 成都：四川文
艺出版社，2023.6

ISBN 978-7-5411-6632-7

Ⅰ. ①绕… Ⅱ. ①克… ②苏… ③张… Ⅲ. ①世界史
－文化史－儿童读物 Ⅳ. ①K103-49

中国国家版本馆CIP数据核字(2023)第082754号

版权登记：图字 21-2023-44 号

Unpacked: France
First published in 2013 by Wayland Copyright©Wayland,2013
Unpacked: Denmark
First published in Great Britain in 2015 by Wayland Copyright©Wayland,2015
Unpacked: Poland
First published in Great Britain in 2015 by Wayland
Copyright©Wayland,2015
Unpacked: Denmark
First published in Great Britain in 2015 by Wayland Copyright©Wayland,2015
Unpacked: Italy
First published in 2013 by Wayland Copyright©Wayland,2013
Unpacked: Australia
First published in 2013 by Wayland Copyright©Wayland,2013

Unpacked: South Africa
First published in 2014 by Wayland Copyright©Wayland,2014
Unpacked: India
First published in 2013 by Wayland Copyright©Wayland,2013
Unpacked: Croatia
First published in Great Britain in 2015 by Wayland Copyright©Wayland,2015
Unpacked: Mexico
First published in Great Britain in 2015 by Wayland Copyright©Wayland,2015
Unpacked: Brazil
First published in 2013 by Wayland Copyright©Wayland,2013
Unpacked: Portugal
First published in 2014 by Wayland Copyright©Wayland,2014
Unpacked: Spain
First published in 2013 by Wayland Copyright©Wayland,2013

RAO ZHE DIQIU QU FAXIAN (SHANGXIA CE)

绕着地球去发现（上下册）

[英]克莱夫·吉福德 [英]苏西·布鲁克斯 著

张灵羚 译

出 品 人 谭清洁
选题策划 北京斯坦威图书有限责任公司
编辑统筹 李佳铌
责任编辑 陈雪媛
封面设计 WONDERLAND Book design
责任校对 段 敏

出版发行 四川文艺出版社（成都市锦江区三色路238号）
网 址 www.scwys.com
电 话 010-82561773（发行部）028-86361781（编辑部）

印 刷 河北鹏润印刷有限公司
成品尺寸 203mm×257mm 开 本 16开
印 张 24 字 数 200千字
版 次 2023年6月第一版 印 次 2023年6月第一次印刷
书 号 ISBN 978-7-5411-6632-7
定 价 198.00元(全2册)